Manfred Dimde

Nostradamus 2006

Der Schlüssel zur Zukunft
Die aktuellen Prophezeiungen
Ihr Nostradamus-Horoskop

Knaur Taschenbuch Verlag

www.nostradamus-dimde.de

Besuchen Sie uns im Internet:
www.knaur.de

Originalausgabe September 2005

Bearbeitung: Julika Jänicke
Redaktion: Jens Brandt
Bildredaktion: Sylvie Busche (Ltg.), Margit Schulzke
Umschlaggestaltung: ZERO Werbeagentur, München
Umschlagabbildung: FinePic, München
Satz: Wilhelm Vornehm, München
Druck und Bindung: Clausen & Bosse, Leck
Printed in Germany
ISBN-13: 978-3-426-77800-5
ISBN-10: 3-426-77800-9

2 4 5 3 1

Inhalt

1

Einführung in den Umgang mit diesem Jahrbuch

Mit diesem Buch lege ich Ihnen wie in jedem Jahr einen detaillierten Auszug aus den Vorhersagen des Nostradamus vor. Diesmal sind es die vom Seher aus Südfrankreich hinterlegten Details für das Jahr 2006. Eine Bemerkung zu den Weissagungen, die mittlerweile vierhundertfünfzig Jahre alt sind, möchte ich vorwegschicken:

Wir müssen uns der Tatsache bewusst sein, dass die von Nostradamus geschauten Begebenheiten sich nicht von Jahr zu Jahr ändern. Aber genau diese Erwartung ist weit verbreitet. Wer also Nostradamus-Literatur in der Hoffnung kauft, dass es darin womöglich neue Prophezeiungen gibt, der wird enttäuscht werden.

Was sich verändert, wenn wir uns intensiver mit Prophetie beschäftigen, ist unser Blick, der für die bevorstehenden Ereignisse geschärft wird. Bei Nostradamus sind es meist einige Vorzeichen, an denen man seine Prophezeiung identifizieren und zeitlich zuordnen kann. Im Hinblick auf den Beginn des zwanzigsten Jahrhunderts sprach er zum Beispiel von einem Schiff, das voll Übermut gebaut wurde. Heute wissen wir, dass damit der Luxusliner Titanic gemeint war. Dies wäre eine solche »Markierung« für den Beginn des Ersten Weltkriegs. Die Diskussion derartiger möglicher Vorzeichen gehört auch in dieses Buch.

Ich habe alle Texte zusammengetragen, die für das Jahr 2006 geschrieben wurden. Sie wurden nach den Regeln der mittelalterlichen Kunst der Verschlüsselung verfasst und von mir geöffnet, d. h. interpretiert. Hier blicke ich inzwischen auf gut zwanzig Jahre Forschung zurück. Mein Ziel ist es, Ihnen bei anstehenden Entscheidungen Hilfestellungen zu geben. Vielleicht ist es nur ein Fingerzeig, den Sie verstanden haben, oder eine Erfahrung, die Ihnen später hilft, im entscheidenden Augenblick das Richtige zu tun, weil Sie erkannt haben, welche Möglichkeiten Ihnen offen stehen.

Das Nostradamus-Jahrbuch 2006 ist ein Arbeitsbuch für eben dieses Jahr 2006 und eine gewisse Zeit danach. Meine Bücher, die längere Betrachtungszeiträume der Prophetie des Nostradamus behandeln, werden dadurch aber nicht überflüssig; ganz im Gegenteil: Ich empfehle jedem Interessierten, die Bücher »Das Siegel des Nostradamus« und »Nostradamus – Handbuch des Weltschicksals« in seine Handbibliothek aufzunehmen.

In den nächsten Jahren steuern wir auf eine Konfrontation zwischen den mächtigen Nationen zu. Ich rate den Leserinnen und Lesern, sich in diesem Jahrbuch Notizen zu machen, also eine Art Tagebuch in Stichworten zu führen. Die Zeit, die Sie dafür aufwenden, ist sinnvoll investiert. Wir sind tagtäglich mit einer Flut von Informationen konfrontiert, und ein persönliches »Nachschlagewerk«, das Nachrichten unabhängig von den offiziellen Meinungen und Bewertungen festhält, ist heute wichtiger denn je. Da sich alle Ereignisse laut Nostradamus wiederholen, d. h. zweimal stattfinden, allerdings in anderen Kostümen, auf anderen Bühnen und mit anderen Kulissen, hilft ein solches Tagebuch zu bestimmen, welche Begebenheiten sich noch ein zweites Mal ereignen werden.

Der Wert Ihrer persönlichen Notizen wächst mit den Jahren. Was Sie anfänglich als überflüssig ansehen könnten, entpuppt sich später als persönlicher Wegweiser für das eigene

Schicksal. Denn auch in Ihrem Leben wiederholen sich die Dinge.

Aus Erfahrung weiß ich, dass viele meiner Leserinnen und Leser einfach zu wenig Zeit haben, um ein solches Tagebuch zu führen. Man vergisst schon einmal einen Eintrag, oder man findet das Buch gerade nicht, wenn man sich Notizen machen möchte. Daher habe ich für Sie die aus meiner Sicht wichtigsten Stichpunkte aus dem Zeitraum Mai 2004 bis zum Redaktionsschluss im Mai 2005 aufgeschrieben und mit Anmerkungen versehen.

Wenn Sie das Nostradamus-Jahrbuch 2005 zur Hand haben, können Sie Ihre Stichworte unter dem jeweiligen Datum im Buch notieren. Dann lesen Sie bitte noch einmal die dort hinterlegten Texte der Prophetie und der aktuellen Nostradamus-Astrologie und vergleichen diese mit den tatsächlichen Geschehnissen. Tatsächlich werden Sie vielfach erkennen, dass für die Prophezeiungen gilt, was Nostradamus anno 1555 in seiner Gebrauchsanweisung für die Centurien geschrieben hat: »Dies ist das ausgeplauderte Geheimnis.«

Manfred Dimde
im Frühjahr 2005

2

Die Realität der Prophezeiungen: Tagebuch 2004/2005

Zukünftige Ereignisse im Voraus zu wissen war zu allen Zeiten für Mächtige, Könige oder Kaiser ein Instrument, um die eigenen Interessen durchzusetzen. In Griechenland befragte man die Staatsorakel, in Rom waren Priesterinnen mit der Aufgabe der Zukunftsschau befasst. Staatsmänner und -frauen haben zu allen Zeiten die zeitlos reisenden übersinnlich begabten Seher als Ratgeber in ihrer Umgebung gehabt. Was dem Volk verboten war, wurde im inneren Kreis der Macht selbstverständlich praktiziert. Nostradamus war der Berater des französischen Königs Heinrich II. und später der Königsmutter Katharina von Medici, die mit ihren Söhnen den Rat des Alten von Salon en Provence einholte.

Heute steht uns das Universalbuch der Prophetie von Nostradamus zur Verfügung. Wir müssen nicht dem europäischen Hochadel angehören, um diese Texte zu lesen. Doch der Schlüssel zu seinem Werk ist versteckt. So müssen wir heute Schritt für Schritt den Umgang mit dem Buch der Prophezeiungen neu erlernen. Dazu gehört, dass wir uns die Mentalität der Renaissance und die Weltanschauung des Sehers Nostradamus zu Eigen machen. Dadurch werden seine Aussagen viel verständlicher und in der Interpretation deutlicher. Als »Konsumenten« von Prophezeiungen wünschen wir uns nichts sehnlicher, als die kommenden Ereignisse möglichst klar und deutlich im Voraus zu kennen. Hinterher interessiert es uns dann nicht so sehr, wie es wirklich gewesen ist. Dennoch sollten wir lernen, mit Prophetie-Texten umzugehen.

Im Kalendarium dieses Buches habe ich daher für jeden Nutzer die Möglichkeit vorgesehen, sich stichwortartig zu notieren, welche wichtigen Ereignisse im Laufe des Jahres geschehen sind.

Wer also sein Gespür für die Prophetie weiterentwickeln möchte, sollte nun die Jahrbücher 2004 und 2005 zur Hand nehmen und unter den jeweiligen Datierungen die in diesem Buch nachfolgenden Tagebucheintragungen übertragen und mit den dort abgedruckten Texten vergleichen. So wird deutlich, wann eine bestimmte Entwicklung ihren Anfang nahm, wann sie sichtbar wurde und wie sie sich schließlich auswirkte.

21. Mai 2004

Die USA setzen die UNO unter Druck. Sie beabsichtigen, die Immunität ihres Militärs im Kriegsfall, d. h. in der Lesart der USA »bei Friedensmissionen«, für alle Zeiten durchzusetzen.

23. Mai 2004

Keine Zeugen, keine Fotos, keine Beweise für Folterungen von Gefangenen. Das Pentagon hat den US-Soldaten im Irak verboten, digitale Fotogeräte mitzuführen. Wirklich besorgniserregend ist, dass der derzeitige Präsident vermutlich weitere vier Jahre im Amt bleiben wird und womöglich als Kriegspräsident sogar eine dritte Amtszeit antreten könnte.

13. Juni 2004

Europa hat gewählt. Das politische und wirtschaftliche Gebilde Europa zu stärken dürfte der bessere Weg sein, als auf das globale Dorf zu setzen. Interessanterweise gibt es bei Nostradamus keinerlei Hinweise darauf, dass die Globalisierung Früchte trägt, vielmehr deutet er an, dass sich die einzelnen Staaten auf bestimmte Ideen spezialisieren werden, um zu leben und zu arbeiten und bestimmte Arbeitsmethoden bzw. Techniken zu entwickeln. Die Grundlage für diese Entwicklung kommt angeblich vom Genfer See.

14. Juni 2004

Der CIA muss einen Machtverlust hinnehmen. Aus den USA hört man, dass Verteidigungsminister Rumsfeld seit 2001 systematisch die Geheimdienste, wie den CIA, ausgeschaltet und deren Aufgaben an militärische Abteilungen des Pentagon übertragen haben soll.

23. Juni 2004

Freude am Vorabend zu Johanni. Die USA haben sich mit ihrer Forderung nach Immunität von US-Soldaten vor dem Kriegsverbrechertribunal in Den Haag nicht durchsetzen können und ihren Antrag zurückgezogen. Die Welt muss allerdings laut Nostradamus damit rechnen, dass es in nächster Zeit zu einer Spaltung der Weltorganisation kommt.

24. Juni 2004

Die Explosion eines Munitionsdepots in der Ukraine wird bagatellisiert. In der Presse waren nur wenige Meldungen über die Explosion des Depots am 7. Mai zu lesen, obwohl die Katastrophe einen Landstrich von mehreren hundert Quadratkilometern betrifft. Nun wird in der Presse verschwiegen, dass in dieser Region inzwischen sehr viele Menschen erkrankt sind. Unter der Hand wird von Nierenerkrankungen bis hin zu Nierenversagen berichtet. Nostradamus hat im Zusammenhang mit dem Dritten Weltkrieg auch Nierenerkrankungen erwähnt. Er rät, die Taubnessel als wirksames Gegenmittel einzusetzen. Helfen können wir den Menschen in der Ukraine nicht, aber wir sollten versuchen, aus den Folgen des Desasters zu lernen.

28. Juni 2004

Der Oberste Gerichtshof der USA stärkt die Rechte der Gefangenen von Guantanamo. Der Supreme Court scheint den christlich-fundamentalistischen Akteuren unter Präsident Bush Einhalt zu gebieten. Das erklärt auch, warum der Vizepräsident in den letzten Tagen so wütend war und unbeherrscht Leute verunglimpft hat. Er war im Voraus darüber unterrichtet worden. Die Gefangenen von Guantanamo erhalten das Recht, dass ihre Fälle vor ordentlichen amerikanischen Gerichten verhandelt werden.

3. Juli 2004

Weißrussland fühlt sich von der NATO bedroht. Der weißrussische Präsident Lukaschenko fragt angesichts der Stationierung von NATO-Militär in Litauen und Lettland: »Wenn das alles nicht gegen uns gerichtet ist, gegen wen dann?« Bei Nostradamus spielt Weißrussland erst nach dem großen Desaster eine politische Rolle, dann allerdings eine große. Man sollte Weißrussland und die Ukraine neben Genf als neues Zentrum Europas sehen.

9. Juli 2004

Der US-Senatsausschuss räumt ein, dass die Argumente für den Irakkrieg nicht stichhaltig waren. In einer abschließenden Erklärung des Senatsausschusses zu der Begründung des Mesopotamien-Feldzuges durch die Regierung der USA heißt es: »Alle Ebenen der Regierung und zu einem gewissen Grad auch wir haben unzureichende Informationen benutzt, um die Argumente der Regierung für den Krieg zu stärken. Und wir im Kongress hätten diesem Krieg nicht mit fünfundsiebzig Stimmen zugestimmt, wenn wir damals gewusst hätten, was wir jetzt wissen.«

27. August 2004

Die »wiedergeborenen Christen« im Weißen Haus zeigen sich reumütig. Wie ihr Glaube es vorschreibt, gestehen sie begangene Fehler ein, d. h., sie erkennen ihre Schuld, zeigen Reue, um Vergebung durch Gott zu erlangen. In der Presse heißt es: »US-Präsident Bush und Verteidigungsminister Rumsfeld haben erstmals öffentlich wegen der Lage im besetzten Irak Selbstkritik geübt. Bush räumte ein, die Bedingungen im Nachkriegs-Irak falsch eingeschätzt zu haben ...« Die Regierung Bush will frei von Sünde und Schuld – jedenfalls in den Augen der Sonntagsgemeinden der USA – in die nächste Wahl gehen. John Kerry wird es schwer haben.

31. August 2004

Im Irak kommt es zu einer Geiselnahme, um religiöse Interessen (Kampf gegen das Kopftuchverbot in Frankreich) im Ausland durchzusetzen. Es geht hier nicht nur um das Leben zweier französischer Journalisten, sondern auch um das Prinzip der friedlichen Koexistenz von Religionen, das so grundsätzlich in Frage gestellt wird. Die Situation könnte eskalieren und in einigen Jahren die Voraussetzungen schaffen, die dann zum Dritten Weltkrieg führen. Muslime sind Gäste im christlichen Europa. Und ein Gastgeber wird einen Gast hinauswerfen, wenn dieser ihn bedroht. Laut Nostradamus wird genau das in einigen Jahren geschehen, was die blutigste Verfolgung von Menschen nach sich ziehen wird, die es je gegeben hat.

Abbildung 1: Soldaten befreien die verletzten Kinder von Beslan, nachdem Spezialkräfte die Schule gestürmt haben

5. September 2004

Die Tragödie in der nordkaukasischen Stadt Beslan hat eine Dimension, die alle bisherigen terroristischen Untaten in den Schatten stellt. Was in aller Welt hat die Terroristen veranlasst, in erster Linie Kinder zu ermorden? Man kann über den Weltislam nur noch den Kopf schütteln. Haben die höchsten islamischen Geistlichen den Täterinnen und Tätern von Beslan den Status von Märtyrern aberkannt? Die Antwort ist nein.

6. September 2004

Der Parteitag der Republikanischen Partei ist vorüber. Jetzt beginnt in den freikirchlichen Gemeinden der USA das »Einnorden« der Mitglieder auf die richtige Entscheidung bei der kommenden Wahl. Mit verdrehten Bibelworten und fröhlichem Singsang wird man diese Aufgabe gut zu Ende bringen.

Der Hurrikan »Frances« ist über das »Bush-Land« Florida hinweggefegt. Natürlich hat dieses Ereignis nichts mit der Familie Bush zu tun. Dennoch ist es auffällig, dass der »Miami Herald« davon spricht, der Hurrikan erweise sich als »die schlimmste und längste Naturkatastrophe in der Geschichte Floridas«. Nostradamus hat für die nächste Zeit fünf ungewöhnlich starke Wirbelstürme vorhergesagt. Da er üblicherweise keine Prophezeiungen über Naturkatastrophen hinterlegt hat, ist diese Ausnahme mit Sicherheit von Bedeutung.

Abbildung 2: Ein Boot wird durch die zerstörerische Kraft von Hurrikan »Frances« durch die Luft geschleudert

17. September 2004

Tschetschenische Rebellen bekennen sich zum Geiseldrama von Beslan. Laut den Nachrichtenagenturen AFP und Reuters haben sich auf einer Website tschetschenischer Rebellen die Verantwortlichen für die Geiselnahme gemeldet. Der entscheidende Satz lautet: »Die Operation ... in der Stadt Beslan wurde vom zweiten Märtyrer-Bataillon unter Führung von Oberst Orstchojew ausgeführt.« Das Stichwort »Märtyrer« wird von Nichtmuslimen leicht übersehen. Auch in der muslimischen Welt distanzieren sich die meisten Menschen von diesen an Kindern verübten Grausamkeiten, doch den Mördern dieser unschuldigen Opfer wird der Status eines Märtyrers nicht aberkannt. Darin liegt eine große Verlogenheit, denn mit dem Märtyrertod sind alle Untaten vergeben, sogar die Ermordung von Frauen und Kindern! Mit ihrem Tod wurden die Verbrecher von Beslan somit zu islamischen Heiligen.

22. September 2004

Wird im Nahen Osten ein Angriffskrieg gegen den Iran und Syrien vorbereitet? Merkwürdiges liest man derzeit. So beabsichtigen die USA, in nächster Zeit einem kleinen Land mit etwa sechs Millionen Einwohnern fünfhundert bunkerbrechende Bomben und weitere viertausendfünfhundert Lenkwaffen zu liefern. In Sicherheitskreisen wurde ein entsprechender Bericht der Zeitung »Haaretz« bestätigt. Das sind keine Waffen, die an der Palästinenser-Front gebraucht werden. Israel könnte die Bunkerbrecher gegen den Iran oder möglicherweise gegen Syrien einsetzen. Man lese in meinem Buch »Nostradamus – Handbuch des Weltschicksals« nach, was dort für die heutige Zeit über die Neuordnung des Nahen Ostens hinterlegt ist.

26. September 2004

Griechenland und Italien haben der EU gefälschte Bücher vorgelegt. Diese beiden Länder, die heute zur EU gehören, sind die Wiege der abendländischen Kultur. Vor der Einführung des Euro galten sowohl Griechenland als auch Italien als stark inflationsgefährdet. Nach der Währungsunion verlegte man sich auf eine Buchhaltung, wie sie die Mafia nicht besser hätte hinbekommen können. Interessant ist, dass Italien laut Nostradamus innerhalb der nächsten Jahre in einen Streit mit seinem Nachbarn Frankreich verwickelt wird. Es wird sogar zum Einsatz von Waffen kommen. Geht es dabei um Geld?

28. September 2004

Ein Asteroid nähert sich der Erde. Die Nasa meldet, dass ein 4,5 x 2,4 x 1,9 Kilometer großer Asteroid am 29. September in 1,55 Millionen Kilometern Entfernung an der Erde vorbeifliegen und dabei die Erdumlaufbahn kreuzen wird. Die Umlaufzeit dieses Asteroids um die Sonne beträgt nur vier Jahre, das heißt, bei seiner von jetzt ab gerechneten siebzehnten Wiederkehr befinden wir uns im Jahre 2072. Der kundige Besucher meiner Website weiß, dass ich vor 1999 allen Deutern widersprochen habe, die den Vers 72 in der zehnten Centurie auf das Jahr 1999 gemünzt hatten. Dort berichtet Nostradamus von einem »Himmelskratzer« oder »Schreckensherrscher«, der am Himmel erscheinen wird. Die Centurie zehn besagt vielmehr, dass wir uns nach der Zeitordnung des Meisters in den Jahren 2000 bis 2099 befinden. Vers 72 gibt uns an, dass es das Jahr 72 ist. Laut Nostradamus sollten unsere Nachkommen sich das Himmelsobjekt im Jahr 2072 sehr genau ansehen. In diesem Jahr wird er nur ein Schreckensherrscher sein, doch etwa in der Zeit von 2950 bis 2970 wird er die Erde innerhalb von 700 Jahren unbewohnbar machen.

5. Oktober 2004

Ist der Iran im Besitz von Raketen mit zweitausend Kilometern Reichweite? Ein Interview lässt aufhorchen. »Wir haben heute die Fähigkeit, unsere Raketen bis zu zweitausend Kilometer weit zu schicken«, sagte Rafsandschani, der ehemalige Präsident des Iran, gestern der staatlichen Nachrichtenagentur IRNA in Teheran. Damit wären auch Länder in Südeuropa erreichbar. Statt sich um politischen Firlefanz zu kümmern, sollen die Regierenden endlich sagen, wie sie Europa vor möglichen Raketenangriffen schützen wollen.

8. Oktober 2004
Auf mehrere Hotels auf der ägyptischen Sinai-Halbinsel werden Attentate verübt. Das könnte die von mir seit längerer Zeit erwartete Eskalation im Nahen Osten auslösen. Nach Nostradamus wird es Ägypten sein, das politisch kippen und damit ein Chaos im Nahen Osten auslösen wird. Doch dazu wird es erst Ende 2006 oder 2007 kommen.

10. Oktober 2004
Der Auszug aus Ägypten. Wegen der Schwere der Anschläge auf dem Sinai achtet derzeit niemand auf versteckte Zeichen. Der ägyptische Ort Taba liegt direkt gegenüber dem israelischen Ferienort Eilat am Roten Meer. Nach dem Attentat soll laut Berichten eine sehr große Zahl an israelischen Touristen der Aufforderung ihrer Regierung gefolgt und sofort zu Fuß in einer langen Reihe über die ägyptisch-israelische Grenze geflüchtet sein. Dies ist auch symbolisch zu interpretieren: Sie zogen aus Ägypten aus.

15. Oktober 2004
Trägt die Propaganda der US-Sonntagsgemeinden bereits Früchte? Das Lager um Präsident Bush zeigt sich zwar überrascht, doch könnte dies eine Finte sein. Ein Zehntel mehr Wähler als gewohnt haben sich bereits quer durch die USA registrieren lassen. Dieses Phänomen könnte die Wahl entscheiden. Kerry hofft, dass ihm die hohe Zahl von registrierten Jungwählern, die voraussichtlich ihn wählen werden, zum Sieg verhilft. Es bleibt abzuwarten, ob die heimliche – oder soll man sagen unheimliche? – »unter der Bibel« ausgegebene Weisung »Helft Bush, so helft ihr Gott« ihr Ziel erreichen wird.

17. Oktober 2004

Die »New York Times« hat offen für den demokratischen Präsidentschaftskandidaten Partei ergriffen. Zur Begründung heißt es, die Bilanz des republikanischen Amtsinhabers George W. Bush sei katastrophal. Er habe die Regierung des Landes der radikalen Rechten ausgeliefert. Trotz der Parteinahme für Herrn Kerry erwarte ich einen Sieg für Bush, wie auch immer er zustande kommt, weil die Worte der Bibel erfüllt werden müssen. Die Bibel geht von einer Vielzahl falscher Propheten und Prediger aus, die wir unter den Methodisten und Baptisten der USA, bei den Schiiten im Islam und auch im jüdischen Ritus finden. Alles strebt auf den Dritten Weltkrieg zu, und Bush ist derjenige, der durch seine Art diesen Krieg am wahrscheinlichsten herbeiführen wird. Der kundige Nostradamus-Leser sollte sich erinnern, dass der Auslöser des Krieges etwas mit einem Vater und seinem Sohn zu tun hat. Laut Nostradamus wird es der Sohn sein. Dann haben wir wieder einen brennenden »Busch«.

Der britische Premierminister Tony Blair stimmt der Aufstellung von Abwehrraketen für den Schutz der US-Sphäre zu. Die übrigen EU-Regierungen sollten ihren Bürgern bald erklären, wo die abgewehrten feindlichen Raketen niedergehen oder in großer Höhe explodieren werden: über Großbritannien oder über Mitteleuropa. Bisher schweigen die Hauptbetroffenen, die polnischen Freunde.

25. Oktober 2004

Die Presse meldet, dass man plant, den Tempelberg in Jerusalem umzubauen: »Die Arbeiten sollen das Areal so stark verändern wie seit vierhundert Jahren nicht.« Für den

Umbau ist das jordanische »Komitee zur Renovierung der Al-Aksa-Moschee und des Felsendoms« verantwortlich. Die auf vierhundert Millionen US-Dollar geschätzte Erneuerung sei die umfangreichste seit dem Umbau des Tempelberges durch die Türken vor vierhundert Jahren, berichtet die israelische Tageszeitung »Haaretz«.

27. Oktober 2004

Morgen früh findet eine totale Mondfinsternis statt. Sie ist in Europa sichtbar. Auffällig ist der Streit um die neue EU-Kommission. Eine Mondfinsternis im islamischen Ramadan ist ebenfalls sehr kritisch zu sehen, ganz besonders für die Türkei und alle Staaten, die den Mond in ihrer Fahne tragen.

28. Oktober 2004

Jassir Arafat verlässt sein Hauptquartier, um sich in Paris ärztlich behandeln zu lassen. Die Meldungen haben sich in

Abbildung 3: Der kranke Palästinenserpräsident Jassir Arafat mit seinen Ärzten im Amtssitz in Ramallah

den letzten Stunden überschlagen. Die zeitliche Nähe zur Mondfinsternis lässt aufmerken. Noch deutet nichts darauf hin, aber hier könnte sich eine Nachfolgerin im Amt und in der Macht etablieren. Ich denke da an die von Nostradamus gesehene »durchtriebene Frau«. Warten wir ab.

30. Oktober 2004

Osama Bin Laden lebt. Das ist für mich eine Überraschung. Er ist also nicht der Prinz, der als Erster tot sein wird, wie es Nostradamus beschreibt. Jetzt geht es darum, nach dem Prinzen Ausschau zu halten, dessen Tod eine Tragödie auslösen wird.

Wird Bin Laden zum Mahdi, zum von Allah bestimmten Retter des Islam aufgebaut? Der Fernsehauftritt ist in erster Linie für die islamische Welt bestimmt. Dies kann der Kundige erstens daran erkennen, dass die Erklärung zur Mitte des Ramadan, d. h. etwa bei Vollmond, erfolgte. Die Mondfinsternis ist vermutlich von den Akteuren nicht berücksichtigt worden. Die Gestalt, die Bin Laden sein soll, trägt ein besonderes Kostüm. Ihre Kleidung, der goldfarbene Mantel, das weiße Käppi etc., soll suggerieren, dass hier ein Gesandter Allahs spricht. Auf das Wort dieses Lehrers wird der Weltislam hören. Die muslimische Welt erwartet eine Art Messias, einen Erneuerer des Islam. Dessen Auftreten wird seit dem achten Jahrhundert prophezeit und inbrünstig erwartet.

31. Oktober 2004

Nach dem Abflug von Arafat Richtung Paris haben die verantwortlichen Palästinenserführer das Ende seiner politischen Ära bekannt gegeben. Derzeit bewegt sich viel im

Nahen Osten: zum einen die baldige Fertigstellung der Mauer, zum anderen die Pläne für die Umgestaltung des Tempelberges und schließlich eine neue Palästinenserführung. Hinter dem Wort »Umgestaltung« könnte sich auch die Errichtung eines Kultgebäudes des jüdischen Ritus auf dem Tempelberg verstecken.

4. November 2004

George W. Bush wird als US-Präsident wiedergewählt. Na denn, Mister President. Die letzte Möglichkeit der Verzögerung oder der Veränderung einer Ereigniskette ist durch seine Wiederwahl aufgehoben.

Abbildung 4: Der alte und neue US-Präsident George W. Bush zeigt sich schon vor der Wahl seines Sieges gewiss

5. November 2004
Stirbt Arafat an einer Krankheit oder ist er Opfer einer chemischen Bombe? Die Art, wie man in den letzten Tagen mit dem alten Mann und seinem Leiden umgeht, ist äußerst merkwürdig. Warum befürchtet man Unruhen unter der Bevölkerung Palästinas? Es gibt einen Nostradamus-Spruch, der auf diese Situation passen könnte: »Der Prinz als Erster tot, der Rest nackt, um im Gleichgewicht zu sein« (nackt = ohne Harnisch = wehrlos). Ich habe diese Aussage bisher auf Bin Laden gemünzt, weil die Afghanen sich in einer vergleichbaren Situation befinden. Oder war mit dem Prinzen Arafat gemeint? Ich bin davon immer noch nicht überzeugt.

9. November 2004
Die US-Truppen im Irak haben sich am zweiten Tag ihrer Offensive gegen Falludscha ins Zentrum der Stadt vorgekämpft. Es bleibt abzuwarten, ob es ihnen gelingt, auch das Umland zu »befreien«. Wer die Szenarien des Vietnamkriegs noch vor Augen hat, dem muss bewusst sein, dass eine »Eroberung« einem Pyrrhussieg gleichkommt.

10. November 2004
Die Taktik der muslimischen Verteidiger von Falludscha wird sichtbar. Auftauchen, kämpfen, abtauchen – wie einst der Vietkong. So wird sich die Allianz der christlichen Heere in Mesopotamien von einem Ort zum anderen durchkämpfen, um dann wieder von vorn zu beginnen.

11. November 2004
Der Tod Arafats wird offiziell bekannt gegeben. In einem Jahr wird man wissen, wer wirklich die Macht übernommen hat und warum man mit der Bekanntgabe so lange gewartet hat. Es fällt auf, dass die Beisetzung und das Ende des Fastenmonats Ramadan zeitlich sehr eng beisammen liegen.

16. November 2004
Condoleezza Rice wird Nachfolgerin von US-Außenminister Colin Powell. Der Eindruck verstärkt sich, dass wir es in unterschiedlichen Bereichen der Weltpolitik mit »besonderen« Frauen zu tun haben werden. Warum auch nicht, schließlich soll man nicht sagen, dass es nur Männer waren, die das große Desaster herbeigeführt haben.

Abbildung 5: Der US-amerikanische Präsident ernennt seine Vertraute Condoleezza Rice zur neuen Außenministerin

17. November 2004
Der russische Präsident Putin deutet die Fertigstellung eines neuen Atomwaffentyps an. Damit dürfte die Diskussion um neue Waffensysteme begonnen haben, die laut Nostradamus auch zum Einsatz kommen werden.

22. November 2004
Der Süden eines kleinen Landes im Nahen Osten mit etwa sechs Millionen Einwohnern wird von einer Heuschreckenplage heimgesucht. Man denkt unwillkürlich an Moses, der diese Biowaffe mit Hilfe seines Gottes gegen die Ägypter eingesetzt hat. Könnte diese neue Plage ein Omen sein?

26. November 2004
Auch in der Ukraine gibt es eine Politikerin, die sich den Titel »durchtriebene Frau« verdienen könnte. Julia Timoschenko, die vierundvierzig Jahre alte Oppositionspolitikerin und Unternehmerin, will den Generalstreik. Sie ist eine Ikone der Opposition und kämpft für Neuwahlen in der Ukraine. Sie ist aber auch für ihre rüden Methoden beim Aufbau ihres eigenen Energiekonzerns bekannt.

30. November 2004
Der Stahlmarkt reagiert überhitzt. Wenn Eisen und Stahl zur Mangelware werden, liegt das daran, dass der König Waffen für einen Krieg schmiedet. China gilt derzeit als der hungrige Eisenbeiß.

10. Dezember 2004

Die US-Regierung plant ein neues Waffensystem im Weltraum. Der US-Kongress soll demnächst eine gewaltige Summe für ein hochgeheimes Superprojekt genehmigen. Die Demokraten reagierten ungewöhnlich heftig und sprachen von einer »Bedrohung für die nationale Sicherheit«, da mit einem Wettrüsten im All zu rechnen sei. Ob es sich um »Man Killer«-Satelliten handelt, die punktgenau Menschen auf der Erde eliminieren können, ist nicht bekannt. Wir sollten jedoch hellhörig bleiben, denn laut Nostradamus werden die bis 2006/2007 entwickelten Waffen beim kommenden großen Desaster eingesetzt.

12. Dezember 2004

Das Nachrichtenmagazin »Der Spiegel« berichtet von Sensorenkappen, die verwendet werden, um Geräte durch Gedankenmuster zu steuern. Was in diesen Tagen von der Wissenschaft als Forschung im Interesse der Gebrechlichen hingestellt wird, ist in Wahrheit der entscheidende Schritt in die totale Überwachung des Individuums durch den Staat. PSI-Befähigte haben mich schon in den neunziger Jahren darauf hingewiesen, dass Wissenschaftler eine Art Gitter entwickeln werden, das die Gehirnströme auffangen und auswerten kann. Erstes Ziel wird es sein, die Absichten von Agenten durchsichtig zu machen, danach wird man sich »verdächtigen« Bevölkerungsgruppen zuwenden.

26. Dezember 2004

In Südostasien hat es ein Seebeben gegeben. Das Beben hat einen Tsunami ausgelöst, der am zweiten Weihnachtsfeiertag die Touristenregionen Thailands und Indonesiens sowie Sri Lankas verwüstet hat.

Abbildung 6: Die Menschen, hier nahe der Insel Phuket, versuchen der unfassbaren und verheerenden Kraft des Tsunami zu entkommen – doch Zigtausende werden von den Riesenwellen fortgerissen

29. Dezember 2004
Die Flutwelle hat zu einer Tragödie geführt. Es wird von Tausenden von Toten und Vermissten berichtet.

30. Dezember 2004
Die Katastrophe in Südostasien hat offenbar Hunderttausende das Leben gekostet. Hilfsaktionen sind angelaufen. Die Spendenbereitschaft ist sehr groß.

8. Januar 2005
Das Pentagon überprüft seine Irak-Strategie. US-Verteidigungsminister Rumsfeld soll tiefe Besorgnis über die Entwicklung im Irak und über die Auswirkungen auf die amerikanischen Streitkräfte geäußert haben. Etwa zum Beginn des Mesopotamienfeldzuges von George W. Bush hatte ich an dieser Stelle auf einen Nostradamus-Text hingewiesen, wonach die USA mit Beklemmung auf diese Militäraktion zurückblicken werden. Der US-Präsident ist durch die Wahl nicht nur in seinem Amt bestätigt worden, sondern hat nun vier Jahre lang freie Hand, die Dinge zu einem Ende zu bringen. Wie auch immer das aussehen wird.

9. Januar 2005
Ein Atom-U-Boot der US-Marine ist vor einigen Tagen havariert. Das ist ein sehr ungewöhnliches Ereignis. Aber wir haben ja in nächster Zeit geheime Umtriebe im Meer zu erwarten. Man fragt sich, auf was für ein Hindernis dieses Schiff aufgelaufen ist.

12. Januar 2005
Aus den USA hört man, dass im Irak keine Massenvernichtungswaffen gefunden worden sind. Die Suche danach wurde nun eingestellt.

18. Januar 2005
Die US-Regierung hat jetzt den Iran ins Visier genommen. Sie will für eine Neuordnung des Nahen Ostens offenkundig die bestehenden Strukturen zerstören. Eine Prophezeiung des Nostradamus, die allerdings erst für eine Zeit nach dem Dritten Weltkrieg hinterlegt ist, lautet: »Gemacht werden die gleichen Fehler wie einst in Persien.« Demnach wird es in Bezug auf den Iran zu einer Situation kommen, die von Nostradamus als verhängnisvoll gesehen worden ist. Man darf gespannt sein, wie die Vorstände der US-amerikanischen Freikirchen ihren Gemeindemitgliedern den Weg in Verdammnis und Untergang schmackhaft machen werden.

23. Januar 2005
Allah gibt den Hadsch-Pilgern ein Zeichen. Die Großmuftis sollten erkennen, dass irgendetwas in Mekka nicht stimmt. Im letzten Jahr gab es über zweihundert Tote durch ein Gedränge nach der Steinigung des Teufels. Dieses Jahr kommt es zu sintflutartigen Regenfällen kurz vor der Schlusszeremonie der Teufelssteinigung.

27. Januar 2005
Im Nahen Osten stehen die Zeichen auf Annäherung. Das ist ebenfalls ein Indiz dafür, dass man an dieser Front Ruhe

haben will, um sich anderen Unternehmungen widmen zu können. Möglicher Hintergrund: Laut Nostradamus kommt es zu einer Neuordnung des Nahen Ostens. Hierbei wird Syrien ausdrücklich erwähnt. Der Iran jedoch ist der Schlüssel, denn die Schiiten im Irak werden vom Iran aus auf allen Ebenen unterstützt. Wer mein Buch »Nostradamus, Handbuch des Weltschicksals« zur Hand hat, kann es dort genauer nachlesen. Laut Nostradamus werden die US-Unternehmungen keinen dauerhaften Erfolg haben, und wenn die Weltmacht versagt hat, soll eine Art UNO-Heer im Nahen Osten die Ordnung wiederherstellen.

29. Januar 2005
Die ungewöhnliche Kältewelle ist jetzt sogar bis in die Sahara vorgedrungen. Viel Schnee bedeckt den Boden in der Region um Ghardaia, etwa achthundert Kilometer südlich von Algier. Laut der algerischen Presse ist das seit siebenundzwanzig Jahren nicht mehr vorgekommen. Muslime sind ja leider nicht in der Lage, die Zeichen Allahs zu erkennen und womöglich zu deuten. Vor etwa siebenundzwanzig Jahren hat sich die Bewegung des Schiiten Khamenei aufgemacht, um den sunnitischen Islam zu zerstören.

31. Januar 2005
In den USA hat eine Richterin entschieden, dass die Militärtribunale im Gefangenenlager Guantanamo verfassungswidrig sind. Der Rest der Welt kann nun gespannt beobachten, welche der beiden Fraktionen – die Hardliner oder die Verteidiger der Menschenrechte – sich im Rechtsstaat USA schließlich durchsetzen wird.

2. Februar 2005
US-Verteidigungsminister Rumsfeld will die Erforschung neuer taktischer Atomwaffen, so genannter Mini-Nukes, wieder aufnehmen. Der Kongress hatte das Projekt aus Kostengründen gestoppt. Ein souveräner Staat kann natürlich selbst entscheiden, was er für richtig hält. Experten warnen jedoch vor diesen Waffen, weil dadurch ein neuer Rüstungswettlauf ausgelöst werden könnte. Laut Nostradamus ist genau dies zu erwarten. Er warnt die Menschen, die in der heutigen Zeit leben, davor, dass diese neuen Waffen auch eingesetzt werden.

Russland und China wollen neben gemeinsamen Militärmanövern auch regelmäßige sicherheitspolitische Konsultationen durchführen. So soll es 2005 zum ersten Mal seit Jahren ein groß angelegtes Militärmanöver der Landstreitkräfte beider Länder auf dem Territorium Chinas geben. Diese Meldung ist deshalb so interessant, weil es laut einigen Sehern während des Dritten Weltkriegs zu Expansionsbewegungen dieser Länder bis nach Europa hinein kommen soll.

3. Februar 2005
Der Ministerpräsident Georgiens ist tot aufgefunden worden. Möglicherweise ist sein Tod auf einen Gasunfall zurückzuführen. Vor einigen Wochen hat der Justizminister der Ukraine »Selbstmord« begangen. Haben wir es hier mit der Duplizität der Ereignisse zu tun? Laut Nostradamus geschehen wie schon gesagt alle Ereignisse zweimal, wenn auch vor einer anderen Kulisse und mit anderen Kostümen.

George W. Bush gab in seiner Ansprache vor dem US-Kon-

gress die Reihenfolge der nächsten Aktionen im Krieg gegen den Terror an: erst der Iran, dann Syrien. Verblüffend ist jedoch die Forderung nach mehr Demokratie in Ägypten und Saudi-Arabien. Es stellt sich die Frage, warum die USA systematisch die Stabilität in Ägypten zerstören wollen. Fällt Ägypten, fallen alle Staaten an der Nordküste Afrikas. Denkt man weiter, dann erkennt man, dass auch die EU durch instabile Regimes in Nordafrika Probleme bekommen könnte.

4. Februar 2005

Es gibt große Fortschritte bei den Friedensbemühungen im Nahen Osten. Solche Phasen hat es schon des Öfteren gegeben. Da jedoch für den Nahen Osten ein dauerhafter Frieden nicht in die Pläne der Akteure im Hintergrund passt, wird es durch irgendein Ereignis wieder zu einem schweren Rückschlag in den Verhandlungen kommen. Da braucht man keinen Nostradamus, sondern muss nur die Erfahrungen der letzten Jahrzehnte berücksichtigen.

Die Ukraine soll mehrere Atomraketen an den Iran und an China verkauft haben. Ist das nur die Spitze des Eisbergs? Der Brand in dem Waffendepot im Frühjahr 2004 muss in diesem Zusammenhang auf jeden Fall erwähnt werden. Damals hörte man, dass es sich um Brandstiftung im Auftrag der Regierung in Kiew gehandelt haben soll. Im Westen kümmerte sich jedoch niemand um den Vorgang. Die deutsche Presse war offenbar angewiesen worden, über die Hintergründe Stillschweigen zu bewahren. Schon damals galt die Vermutung als wahrscheinlich, dass mit dem Brand die Fehlbestände an Raketen und ABC-Waffen vertuscht werden sollten. Rückblickend kann man erkennen, dass die Regierung in

Kiew angesichts eines möglichen Machtwechsels nach den Wahlen im Herbst die Dinge bereinigen wollte.

5. Februar 2005

In Georgien geht in der Regierung der Tod um. Zwei Tage nach dem mysteriösen Tod des georgischen Ministerpräsidenten Surab Schwanija ist nun ein weiterer Mitarbeiter des Präsidenten Michail Saakaschwili ums Leben gekommen. Er wurde in seiner Wohnung erschossen aufgefunden.

8. Februar 2005

Zwischen den Nachkommen Isaaks und denen Ismaels im Nahen Osten ist ein Waffenstillstand ausgehandelt worden. Ist damit der Bruderzwist, wie er in den Geschichten von Kain und Abel beschrieben wird, beendet? Nein, denn Kain wird Abel töten, und der Steine werfende Knabe David wird den bis an die Zähne bewaffneten Goliath zu Boden strecken.

10. Februar 2005

Die USA wollen angeblich einigen europäischen Staaten taktische Atomwaffen überlassen. Dass diese Meldung gerade jetzt lanciert wird, macht nachdenklich. Offensichtlich geht man in Washington davon aus, dass die Verbreitung von Atomwaffen nicht mehr zu verhindern ist.

Nordkorea gibt zu, Atomwaffen zu besitzen. Dieses Eingeständnis verändert die politische Lage kaum. Es ist allenfalls als Provokation und als Test zu sehen, wann die USA aktiv werden. Nostradamus schreibt, allerdings in Bezug auf eine

Zeit vor einigen Jahren, dass »die fünf erbleichen werden«. Ich habe darin bisher immer die fünf Atommächte USA, Russland, Großbritannien, Frankreich und China gesehen. In diesem Zusammenhang ist von Asche, Kalk und Kohlenstaub die Rede, die man über die Mauer wirft. Damals gab es außer der chinesischen Mauer keine imposanten Wände, die man hätte anführen können. Inzwischen haben törichte Menschen freiwillig eine Mauer errichtet, damit sich das Wort erfüllt und der militärische Goliath des Nahen Ostens durch den Steine werfenden David niedergestreckt wird.

11. Februar 2005

Von der NASA hört man, dass das Jahr 2005 alle Hitzerekorde brechen wird. Das ist durchaus möglich, denn wir haben es laut Tendenz 2005 im Sommer mit »Hinterhältigkeiten unter heißer Sonne« zu tun. In den heißen Regionen der Erde würde es dann noch heißer; in den gemäßigten Breiten heiß, und kalte Regionen würden sich erwärmen. Die Konsequenzen für Mensch und Natur wären verheerend.

13. Februar 2005

Ein Großfeuer hat einen unbewohnten Wolkenkratzer im Zentrum des Madrider Finanzviertels zerstört. Die obere Hälfte des einhundertsechs Meter hohen Gebäudes wurde von den Flammen völlig vernichtet. Auch hier weise ich auf die Duplizität, die Doppelung der Ereignisse, hin. Vor einiger Zeit brannten in Südamerika ebenfalls Hochhäuser.

Die portugiesische Nonne Lucia ist im Alter von siebenundneunzig Jahren gestorben. Lucia war das älteste der drei Kinder, denen im Jahr 1917 Maria erschienen war. Sie galt als Seherin. Mit dem Tod dieser Frau, die mit den Prophezeiungen von Fatima am engsten verbunden ist, hat sich ein Problem für die katholische Kirche gelöst. In diesen Prophezeiungen, drei Kundgaben der Muttergottes, wurde ein Attentat auf den Papst als Zeichen für die Endzeit der Christen genannt. Lucia hätte dem Kirchenoberhaupt durch diese Prophezeiungen »Anweisungen« geben können, wenn die Kirche die Erscheinungen in jedem Punkt anerkannt hätte. Damit

Abbildung 7: Hat ihr die Jungfrau Maria das Schicksal des nächsten Papstes offenbart? Der portugiesischen Nonne Lucia, hier im Alter von 84 Jahren, erschien mehrfach die Muttergottes

hätte sich der Papst nach den Worten einer Nonne richten müssen. Welcher Kardinal oder Papst kann schon öffentlich sagen, dass ihm die Jungfrau Maria erschienen ist?

14. Februar 2005

Der ehemalige Premierminister des Libanon, Rafik Hairi, ist bei einem Autobombenanschlag getötet worden. Die Täter waren offenbar muslimische Extremisten, wie aus dem Bekennervideo deutlich wird. Die Aussagen in diesem Video weisen auf die Erfüllung der Forderung von Bin Laden (als Mahdi) hin, der die Muslime aufgefordert hat, »Korrekturen« auch in islamisch regierten Staaten vorzunehmen.

20. Februar 2005

George Bush senior und Bill Clinton sind unterwegs in gemeinsamer Mission. Der ehemalige Präsident der USA und Vater des jetzigen Präsidenten sowie Expräsident Clinton treten in letzter Zeit auffallend oft gemeinsam in der Öffentlichkeit auf. Offiziell setzen sich beide für die Opfer der Flut in Südostasien ein. Es wäre daher durchaus vorstellbar, dass die Familie Bush Bill Clinton zum nächsten UNO-Generalsekretär kürt. Damit hätte die Familie dann auch den Thron eines Weltkönigs mit einem Mann ihrer Wahl besetzt.

21. Februar 2005

Ein Blitz aus dem Universum traf die Erde. Mehrere Satelliten und Observatorien haben den bislang hellsten Blitz aus den Tiefen des Kosmos beobachtet. Am 27. Dezember 2004 setzte der Strahlenausbruch in einer Zehntelsekunde so viel

Energie frei wie unsere Sonne in einhundertfünfzigtausend Jahren, berichtete die US-Raumfahrtbehörde NASA. Quelle des Blitzes war ein so genannter Magnetar, der sich in etwa fünfzigtausend Lichtjahren Entfernung auf der anderen Seite der Milchstraße befindet.

23. Februar 2005

Aus der Ukraine wird das Verschwinden von zwei Luftabwehrraketen gemeldet. Gleichzeitig warnen die Geheimdienste und sogar Interpol vor einem möglichen Terrorakt mit Krankheitserregern. Bei dem Brand in einem Munitionsdepot im Frühjahr 2004 ist vieles in die Luft geflogen. Doch das, was vorher von dort abtransportiert worden ist, ist weitaus gefährlicher und wird die Welt in nächster Zeit beschäftigen.

24. Februar 2005

Die wahren Gründe für das Treffen von George W. Bush und Wladimir Putin werden bekannt. Die »Washington Post« gibt an, dass die USA ein Abkommen anstreben. In US-Geheimdienstberichten sei vor der anhaltenden Gefahr gewarnt worden, dass russisches Atommaterial in die Hände von Terroristen fallen könnte. Außerdem ziele das Abkommen auf den Aufbau gemeinsamer Abwehreinheiten gegen Nuklearangriffe von Terroristen. Wir sollten davon ausgehen, dass das Kind schon in den Brunnen gefallen ist.

Der Papst ist erneut ins Krankenhaus eingeliefert worden. Sein Gesundheitszustand soll sich verschlechtert haben. Die Diskussion über einen möglichen Rücktritt wird dadurch erneut angeheizt werden. Viele übersehen, dass der oberste

Brückenbauer – oder sollte man besser sagen »Verbinder zweier Ufer«? – nicht nur geweiht, sondern auch gesalbt wurde. Es kann in diesem Amt keine zwei Gesalbten geben.

Abbildung 8: Der sterbenskranke Johannes Paul II. versucht vom Fenster des Gemelli-Krankenhauses in Rom aus, einige Worte an die Betenden vor dem Hospital zu richten

28. Februar 2005

Russland und der Iran haben einen Vertrag über die Lieferung und den Bau von Atomkraftwerken und Betriebsmaterialien geschlossen. Damit ist der erste Schritt in Richtung einer künftigen Konfrontation getan. Eine Achse Moskau–Teheran zeichnet sich ab, was in die Prophezeiungstexte für die Zeit um 2010 passen würde.

1. März 2005

Die Polit-Poeten im Weißen Haus suchen noch nach dem richtigen Namen für die Revolution im Libanon. Im Gespräch ist die »Zedern-Revolution«. Es steht zu befürchten, dass die radikale Schiitenmiliz Hisbollah die Situation ausnutzt und die militärisch stärkste Macht im Libanon wird. Der Libanon soll offenbar zerreißen, um dann territorial neu verteilt zu werden. Laut Nostradamus wird dieser Plan – wie schon an anderer Stelle erwähnt – aufgehen. Es ist ein weiterer Schritt auf den Dritten Weltkrieg zu.

8. März 2005

Die Zukunft, wie sie Nostradamus beschrieben hat, scheint in diesen Tagen zu beginnen. Nostradamus hat vorausgesagt, dass die Nachtseite der Erde künstlich beleuchtet werden wird. Es wird dann so hell sein wie während der Dämmerung bei Sonnenaufgang. Wie es heißt, sollen zwei russische Erdsatelliten, die im Frühling auf eine Erdumlaufbahn gebracht werden, einzelne Punkte auf der Erdoberfläche beleuchten. »Moskowski Komsomolez« lautet ihr Name. Es handelt sich dabei um Lichtspiegel, die aus einer feinen Folie gefertigt sind und im Weltraum aufgeschlagen werden. Für einen fünf Quadratkilometer großen Lichtspot bräuchte man ein dreißig mal dreißig Meter großes Segel. Um ganz Moskau zu beleuchten, würde man ein Segel von dreihundert mal dreihundert Meter brauchen. Auch wenn die ersten Versuche misslingen – laut Nostradamus ist das die Zukunft unserer Enkel.

Der ehemalige tschetschenische Präsident und heutige Rebellenführer Aslan Maschadow ist bei einem Militäreinsatz getötet worden. Ist damit der Planer des Terroristenüberfalls auf die Schule in Beslan umgekommen?

16. März 2005

Kommt es zu einer erneuten Eskalation im Nahen Osten? Extremisten drohen damit, den Tempelberg in Jerusalem mit hunderttausend Menschen zu besetzen. Da die Statik des ausgehöhlten Berges schwer einzuschätzen ist, könnte eine solche Menschenmenge durchaus das Symbol mehrerer Weltreligionen zum Einsturz bringen.

17. März 2005

Italien scheint an politischer Souveränität eingebüßt zu haben. Das Land zog Seite an Seite mit den USA und Großbritannien in den Irakkrieg. Silvio Berlusconi hat nun einen Abzug der italienischen Truppen im Irak angekündigt, um kurz darauf seine Aussage wieder zurückzunehmen. Der Abzug würde nur »nach Absprache« erfolgen, d. h., wenn es der US-Präsident und der britische Premierminister erlauben. Womit haben CIA und der MI5 den italienischen Premier in der Hand? Nach Nostradamus wird es bald zu einem schweren Konflikt zwischen Frankreich und Italien kommen. Es droht sogar Krieg. Was, wenn Berlusconi im Auftrag von missgünstigen Mächten gezwungen ist, Italien zum Feind Europas zu machen?

20. März 2005

Es gibt Bewegung im Islam. In New York soll erstmals eine Frau Vorbeterin in der Moschee gewesen sein. Irgendwann und irgendwo beginnt immer eine Entwicklung, die trotz aller Steinigungen den Islam verändern wird. Genau das ist bei Nostradamus für die letzten fünfhundert Jahre dieser Religion vorhergesagt. Nach dem Jahr 2500 wird der Islam das sein, was Mohammed gewollt hatte, bevor die Niederträchtigen in seiner Umgebung nach seinem Tod alles ins Gegenteil verkehrt haben.

27. März 2005
Papst Johannes Paul II. spricht einen stummen Segen »urbi et orbi«. Der Ostersegen des sterbenden Oberhaupts der Katholiken erschütterte jeden Fernsehzuschauer, der die ungeschnittene Live-Übertragung mitverfolgt hat. Wie viel Symbolik liegt wohl in dieser Szene?

29. März 2005
Der bemannte Flug zum Mars wird vorbereitet. Die beiden großen Raumfahrt-Nationen, Russland und die USA, geben in diesen Tagen ihre Tests und Grundlagenexperimente bekannt. Aus Russland hört man, dass dort eine Raumfähre für sechs Personen entwickelt wird, mit der man zum Mond, aber auch zum Mars fliegen könnte.
Anmerkung: Bei Nostradamus liest man von einer ersten Marsexpedition mit sieben Teilnehmern, die auf dem Rückflug erkranken werden. Er nennt die Krankheit den »Wolf des Blutes«. Man könnte darunter eine aggressive Form (daher Wolf) der Zersetzung z. B. von roten Blutkörperchen verstehen.

1. April 2005
Die USA zeigen offen ihre Geringschätzung der UNO. John Bolton, künftiger UN-Botschafter der USA, erklärte in einer Rede, die Vereinten Nationen seien »ein aufgeblähter, ineffizienter Apparat, der eigentlich gar nicht existiert«. Die Welt könne einzig von den USA angeführt werden. Herr Bolton hat damit indirekt angekündigt, dass die USA entweder den nächsten UN-Generalsekretär stellen oder den Vereinten Nationen den Rücken kehren werden. Laut Nostradamus wird Letzteres der Fall sein. Genf sollte sich schon auf seine neue Rolle vorbereiten.

2. April 2005

Papst Johannes Paul II. ist am Abend in Rom gestorben. Etwa 1,1 Milliarden Katholiken weltweit haben ihren Hirten verloren.

6. April 2005

Rom steht am Rande einer Massenhysterie. Man hat den Eindruck, die katholische Welt nimmt – ohne es zu wissen – vom Frieden Abschied. Hierbei ist es unerheblich, ob es sich um den Religionsfrieden oder den weltlichen Frieden handelt. In einigen Jahren werden wir es genauer wissen.

8. April 2005

Die Beisetzung des Papstes der katholischen Christen verlief ohne Auffälligkeiten. Wer mein Jahrbuch »Nostradamus 2005« zur Hand hat, kann unter dem Astrothema für den 18. April, dem Beginn des Konklave, nachlesen: »Man hört hinter einer Tür heftigen Streit.« Wer weiß, ob davon je etwas nach draußen dringt?

10. April 2005

Im Nachrichtenmagazin »Der Spiegel« liest man, dass Gammablitze die Erde getroffen haben. Gammablitze gelten als die stärksten bekannten Energieausbrüche im Universum. Sollte sich eine solche Explosion in der Nachbarschaft der Erde ereignen, könnte sie der Ozonschicht nach Meinung von Wissenschaftlern großen Schaden zufügen und so das Leben auf der Erde gefährden.

13. April 2005
Eine medizinische Einrichtung in den USA hat im Oktober 2004 irrtümlich Proben eines potenziell tödlichen Grippevirusstamms an tausende Forschungslabore in aller Welt verschickt. Wir alle sind viel zu naiv, um die Möglichkeit in Erwägung zu ziehen, dass sich fundamentalistische Christen aus den USA durch Terrorakte als Geburtshelfer des Jüngsten Gerichts betätigen könnten. Das Interesse von christlichen Fanatikern an einer drastischen Dezimierung der Weltbevölkerung wird erstaunlicherweise überhaupt nicht in Betracht gezogen.

Abbildung 9: Ist er der neue Messias? Der soeben gewählte Papst Benedikt XVI. segnet die Gläubigen vor dem Petersdom und in aller Welt

19. April 2005

Habemus papam. Die katholische Welt hat einen neuen Führer. Nach einem kurzen Konklave wählten die einhundertfünfzehn anwesenden stimmberechtigten Kardinäle in der Sixtinischen Kapelle den Deutschen Joseph Ratzinger zum 265. Papst der katholischen Kirche.

20. April 2005

Der Niederländer Kardinal Simonis erklärte die Verwirrung über den Rauch, der aus dem Ofen der Sixtinischen Kapelle nach der Wahl des neuen Papstes gestiegen ist. Demnach gab es Probleme mit dem Entzünden der Wahlzettel. Der erste Versuch missglückte. »Auf einmal stand die ganze Kapelle unter Rauch«, schilderte Simonis das Omen.

24. April 2005

Der nordkoreanische Generalstabschef hat für den Fall eines Angriffs der USA den Einsatz von Atomwaffen angekündigt. Diese Meldung lässt aufhorchen, denn das Land verfügt wohl kaum über Trägersysteme herkömmlicher Art, um die USA anzugreifen. Also kann der Gegenschlag eigentlich nur mit einer Kombination aus U-Boot und Kurzstreckenrakete geplant sein.

Papst Benedikt XVI. ist in einer Zeremonie, die der früheren Krönung entspricht, auf dem Platz vor dem Petersdom in Rom in sein Amt eingeführt worden. Nun wird man sehen, wie es weitergeht.

26. April 2005

Nun ist es offiziell. US-Chefinspektor Charles Duelfer hat seine Suche nach Massenvernichtungswaffen im Irak eingestellt. Man liest, dass der Abschlussbericht die 18-monatigen Untersuchungen der »Iraq Survey Group« offiziell beendet. Das 92-seitige Dossier stellt eine Ergänzung dar zu dem rund 1500 Seiten umfassenden Dokument, das Duelfer bereits im vergangenen Oktober vorgelegt hatte. Vergessen sind nun die Lügen, die Beschimpfungen des Alten Europas, und bald wird auch das Irak-Öl vergessen sein, weil es sich in der Praxis nicht außer Landes bringen lässt.

27. April 2005

Im Nahen Osten scheint sich etwas zu tun. Der russische Präsident Putin besucht Ägypten und andere Länder des Nahen Ostens. Kurz zuvor hatte sich der US-Präsident in Texas mit Abdullah von Saudi-Arabien getroffen. Geheimdiplomatie scheint in diesen Tagen angesagt zu sein.

28. April 2005

Ein Minister aus Hessen schlägt elektronische Fußfesseln für Langzeit-Arbeitslose vor. Ob falsch verstanden oder nicht. Es geht um mehr. Eigentlich benötigt man heute keine klobigen elektronischen Anhängsel mehr. Ein kleiner Chip, unter die Haut injiziert, würde zum Beispiel erlauben, einen jeden Menschen in seiner Bewegung zu überwachen. Nur so ein Gedanke. Man könnte den sonntäglichen Kirchenbesuch kontrollieren und unwillige Kirchgänger mit Strafen belegen. Viel interessanter könnte für den Staat eine Fußgängermaut sein, die es erlaubt, jeden Meter Fußweg mit einer Gebühr zu belegen. Schließlich benutzt der Fußgänger ja vom Staat gebaute Wege. So weit wird es laut Nostradamus nicht kommen. Er sieht für die Mitte des 21. Jahrhunderts ein Gesellschaftssystem, in dem alles Lebensnotwendige vom Staat kostenlos zur Verfügung gestellt werden wird.

29. April 2005

Lassen »sie« Bin Laden jetzt sterben? Eine merkwürdige Nachricht konnte man heute lesen. Eine islamistische Internetseite hat am Freitag Spekulationen über den angeblichen Tod des El-Kaida-Chefs Osama Bin Laden ausgelöst. Einleitend hieß es in dem veröffentlichten Text eines unbekannten Verfassers, es gebe Nachrichten über den Tod Bin Ladens. Allerdings hieß es weiter unten lediglich, der auf der Flucht befindliche Extremistenführer könne jederzeit sterben, und die Moslems in aller Welt sollten darauf vorbereitet sein. Da steckt mehr dahinter – da scheint etwas in Bewegung geraten zu sein.

30. April 2005

Der russische Präsident Putin kniet als erstes Staatsoberhaupt Russlands am Grab Jesu in Jerusalem. Dieser symbolische Akt ist mehr als nur ein Fototermin. Offenbar ist die Verknüpfung von Staat (Putin) und Kirche (Orthodoxie) enger als allgemein sichtbar. Die orthodoxe Kirche verbindet mit dem Grab und der Auferstehungskirche auch die geheimnisvolle Lichtentzündung zum orthodoxen Osterfest. Herr Putin war kurz vor dieser Zeremonie in Jerusalem.

2. Mai 2005

Bill Gates ist nun Testamentsvollstrecker von Warren Buffett. Man hört aus den USA, dass der zweitreichste Mann der Welt den reichsten Mann in »sein geschäftliches Boot« holt und ihn gleichzeitig zum Treuhänder seines Testaments ernennt. Warren Buffett, Multimilliardär und treibende Kraft des Berkshire-Konzerns, hat Bill Gates in den Vorstand des an Coca-Cola, American Express und Gillette beteiligten Konzerns geholt. Da steckt mehr dahinter, denn damit entsteht ein Kapitalpool von nie gekanntem Ausmaß in der Hand von Privatleuten.

5. Mai 2005

Und die Dinge wiederholen sich doch. Es kommt darauf an, dass man mit klarem Verstand die Wiederholungen der Situation in jeweils anderen Kostümen und Kulissen erkennt. Zwischen der US-Kampagne gegen internationalen Terrorismus und dem Kampf der katholischen Kirche gegen Hexen oder Ketzer vor längerer Zeit besteht lediglich der Unterschied in der Kostümierung. Natürlich geht jetzt ein Aufschrei los – aber der Dreißigjährige Krieg war auch nichts anderes als purer Terrorismus gegenüber dem jeweils »Andersgläubigen«.

Das Geheimnis von Nostradamus, und dies gilt für alle Propheten, besteht im Identifizieren des Grundmodells eines Großereignisses, das meist schon in der Thora beschrieben wird. Zum Beispiel die Wiederkehr des »Niederen Menschen« an die Macht erfolgt laut alten Geheimüberlieferungen jeweils in Abständen von etwa 360 Jahren (die kleine Wiederkehr) oder in 500 Jahren (die große Wiederkehr). Nun muss der befähigte Seher nur noch den Auslöser, d.h. den Ausgangspunkt oder den neuen Zeitpunkt »seherisch« erkennen und ihn der kommenden Zeit möglichst exakt zuordnen.

6. Mai 2005

Der britische Premier Blair ist für eine dritte Amtszeit von den britischen Wählern bestätigt worden. Das ist gut so, weil nun die beiden Hauptakteure, die Herren Bush und Blair, sich auch im Finale nicht aus der Verantwortung um den Irak stehlen können.

9. Mai 2005

Man hört von Warnungen vor einem Anschlag auf ein US-Chemiewerk. Sollten Terroristen eine Chlorgas-Fabrik nahe New York angreifen, dann müsse man mit bis zu 12 Millionen Toten rechnen. Es gibt bei Nostradamus eine sehr mysteriöse Textstelle, in der er von einer »Grabstelle« spricht, »die im Osten sichtbar werden wird«. In diesem Zusammenhang sollte man daran denken, dass eine ungesicherte Chemiefabrik durchaus wie eine Bombe gesehen werden kann, die nur in geeigneter Weise gezündet werden muss, um dann als Gefahr sichtbar zu werden.

12. Mai 2005

Die USA setzen im Irak eine neuartige Laserwaffe ein. Damit dürfte eine neue Runde in den Kriegen des dritten Jahrtausends markiert worden sein.

Abbildung 10: Nostradamus, 1503–1566

3

Wie Nostradamus das Jahr 2006 beschrieben hat

Die Grundlage jeglicher Nostradamus-Deutung ist die richtige Verknüpfung der Weissagungstexte mit den von ihm geschaffenen Zeitkoordinaten. Sie sind im authentischen Text der Veröffentlichungen aus den Jahren 1555 und danach zu erkennen, vorausgesetzt, man weiß, wie er vorgegangen ist. Eine Beschreibung seiner Vorgehensweise hat er in einer »Gebrauchsanleitung« versteckt, die sich in den unverschlüsselten Begleittexten, das heißt in einem Brief an seinen Sohn César und in einer Huldigung an Henry II., verbirgt.

Im Jahr 1986 habe ich die Formel für die Zuordnung der Verstexte zum zeitlichen Ablauf wiederentdeckt. Hier ist sie noch einmal im Überblick:

- Das Buch umfasst zehn »Centurien« (»Jahrhunderte«), die wiederum jeweils aus hundert vierzeiligen Versen bestehen.
- Eine Centurie sind, wie der Name schon sagt, hundert Jahre.
- Jeder Vers entspricht also einem Jahr.
- Ergo findet sich der Text in der zehnten Centurie, Vers sechs.

Eine nähere Erläuterung dieses – zugegebenermaßen komplizierten – Systems entnehmen Sie bitte dem Abschnitt »Der Zeitcode« in Kapitel 9.

Die Grundlage für die Deutung des Jahres 2006

Der Vers für das Jahr 2006

Centurie X, 06
Sardon Nemans si hault desborderont
Qu'on cuidera Deucalion renaistre,
Dans le colosse la pluspart fuyront,
Vesta sepulchre feu estaint apparoistre.

*Hier die Standardübersetzung:**

Sardon und Nemans werden so weit über die Ufer treten,
Dass Deukalion sich wiedergeboren wähnt,†
In das Colosseum‡ werden die meisten flüchten,
Im Grab der Vesta wird das erloschene Feuer wieder aufflammen.

Hier meine Übersetzung:

Sarazenen geben sich 1000 Jahre – so hoch wie die unbegrenzte Luft.
Wenn die Zeit des Brennens kommt – zwei zum Löwen wiedergeboren.
In vier Jahren der Riese die meisten zur Flucht bringt.
Fünf ist eins – Grabstätte des Feuers im Osten zum Vorschein kommt.

Auf einer tieferen Deutungsebene lassen sich dazu noch andere Inhalte entdecken: Nostradamus hat in einer geheimen

---

* nach Carlo Patrian, Nostradamus, Turaco AG, Fribourg (CH), 1982, S. 426
† (griech. Metapher für Überschwemmung; Deukalion = Heros der griech. Sintflut)
‡ (lat. colossus = große Statue)

Gebrauchsanweisung seine Verse mit einem verwilderten Garten verglichen, in dem die einzelnen Wege zwischen den Beeten nicht mehr zu erkennen sind. Als »Beet« bezeichnete er die einzelnen Wörter. Die »Wege« zwischen den Beeten sind die Leerstellen zwischen den Wörtern. Diese verblasste Beet-Anlage des Nostradamus gilt es nun wiederzufinden.

Wenn wir also die »Wege« – die Leerräume – aus dem Text entfernen, dann ergeben sich diese vier Buchstabenketten:

SardonNemanssihaultdesborderont
QuoncuideraDeucalionrenaistre,
Danslecolosselapluspartfuyront,
Vestasepulchrefeuestaintapparoistre.

Unter Beachtung der von Nostradamus vorgegebenen Regeln für den von ihm so genannten »linguistischen Einstieg« lassen sich folgende Inhalte erkennen:

Wenn es gegeben (wurde). (Für) tausend Jahre, dann wird die Überforderung sein.
Wenn man hat die Zeit des Brennens. Gott zum Löwen wiedergeboren.
(In) Vier Jahren. Der Riese die meisten zur Flucht bringt.
Fünf ist Eins. Die Grabstätte des Feuers des Ostens wird zum Vorschein kommen.

■ Es geht hier um eine Erfindung, eine Erkenntnis, ein System, das in dieser Zeit bekannt wird. Die Menschen werden offenbar in den nächsten tausend Jahren Probleme haben, richtig damit umzugehen, es zu gebrauchen oder es nicht zu missbrauchen.

- Die Zeit des Brennens dürfte auf bevorstehende Konflikte hinweisen. Mit der Beschreibung »Grauen des Verbrennens« hat Nostradamus den Abwurf der ersten Atombomben auf Japan beschrieben.
- Die Zeitangabe »Vier Jahre« oder »In vier Jahren« ist typisch für Nostradamus. Sie bedeutet, dass man zu der Zeitordnung für diesen Vierzeiler vier Jahre addieren muss. Das würde also bedeuten, dass er hier das Jahr 2010 angibt.
- Das »Feuer des Ostens« dürfte eine modifizierte Waffe auf der Basis der Atombombe sein. Mit »Osten« ist wahrscheinlich das heutige Russland oder China gemeint.

Führt man nun alle Begriffskombinationen und Satzkomponenten zusammen, dann ergeben sich weitere Texte und Themenblöcke. Man muss also den vermeintlichen »Klartext« einer jeden Zeile, so wie sie 1566 erstmals gedruckt wurde, und den Inhalt der Buchstabenkette kombinieren, um weitere interessante Details über das Jahr 2006 zu erfahren, denn Nostradamus hat mit Bedacht die Inhalte komprimiert. Ihm standen ja nur 130 bis 160 Buchstaben pro Jahr zur Verfügung.

Block I (aus Centurie X, 06, 1. Zeile):

Das Öl der Erde, der Fluch der Großväter, wird unregelmäßig vorhanden sein. Zeit des Ausbleibens, der Wegnahme, des Sichauflösens.

Was wir lesen, beschreibt sehr treffend die Weltlage, wie sie im Jahr 2005 für jeden sichtbar ist. Probleme mit dem Erdöl könnten durchaus im Jahr 2006 das Thema Nummer eins sein. Analysieren wir diesen Text weiter, dann erkennen wir, dass sich ab dem Jahr 2006 eine Energiekrise abzeichnet, weil das Öl versiegen wird. Was könnte die Ursache hierfür sein? Kombinieren wir die Worte »Ausbleiben« und »des Sichauflösens«, dann sollte man auch an einen Einsatz von ölfressenden Bakterien denken, die, an den Ölquellen eingesetzt, die Ölförderung zum Erliegen bringen könnten.

Block II (aus Centurie X, 06, 2. Zeile):

Was verkäuflich ist bis zu 60 Fuß, wird gelassen. Inseln des Unrechts vollenden sich. Welch ein Jahr des Überflusses. Fromme Werke und diejenigen des Verzichts.

Es geht im Jahr 2006 um den Besitz von Dingen oder die Rechte an etwas, das sich ca. zwanzig Meter unter der Erd- oder der Meeresoberfläche befindet. Eventuell handelt es sich auch um Grund und Boden und die Frage, ob man diesen verkaufen bzw. über ihn verfügen darf. Es liegt zwar nahe, dabei an Ölvorkommen zu denken, aber dann ergibt die Beschränkung »bis zu 60 Fuß« keinen Sinn.

Unter »Inseln des Unrechts« könnte man Ölplattformen verstehen, die widerrechtlich erworben oder angelegt worden sind. Genauso gut kann es sich dabei auch um Flugzeugträger handeln, denn Nostradamus akzeptierte keine »Kämpfer« außerhalb der eigenen Landesgrenze: Einen Eindringling in meinem Haus, auf meinem Grund und Boden darf ich laut Nostradamus abwehren, sogar töten. Sobald ich den Eindringling über die Grenze meines Grundstücks zurückgedrängt habe, darf ich ihn nicht verfolgen und auf keinen Fall töten, weil ich nun meinerseits der Eindringling auf seinem Grundstück bin. Und Flugzeugträger operieren nun meist in Gewässern, die tausende von Kilometern von der Heimatbasis entfernt sind.

Gleichzeitig ist das Jahr 2006 geprägt von einem Wirtschaftsboom, einer Zeit des Überflusses. Hierbei sollte man aber bedenken, dass Nostradamus kein deutscher Prophet ist. Wenn er einen Hinweis auf die wirtschaftliche Entwicklung gibt, dann gilt dieser vorrangig für Frankreich, Italien und Spanien.

Interessant ist, dass der Seher auf eine gegenläufige Bewegung verweist, die durch Verzicht und Buße versucht, das sichtbar werdende Desaster abzuwenden. Oder sind damit vielleicht die frommen Beter im Weißen Haus in Washington gemeint?

Block III (aus Centurie X, 06, 3. Zeile):

Der Osten haben wird zehn vom Druck des Wassers vollendet. Die Zwei von Bresle den Strahlenkranz der Morgenröte begründen.

Wir haben es hier mit einer mysteriösen Beschreibung einer neuen Waffe zu tun. Vielleicht handelt es sich aber auch um Prototypen für eine neue Art der Energiegewinnung, zum Beispiel Geräte zur kontrollierten Fusion von Wasserstoffatomen oder anderen Grundbausteinen des Universums. Die »Zwei von Bresle« kann sich in dieser Zeit eigentlich nur auf ein Treffen zwischen Bush und Putin und eventuelle geheime Abkommen beziehen. Der Name »Bresle« kann sowohl für Brest, Breslau oder Bratislava/Pressburg stehen.

Block IV (aus Centurie X, 06, 4. Zeile):

Turin gießt den Eimer aus, was die Gallier verrückt machen wird. Hart eingewurzelt ist er/es, der G zum Gesetz macht. Verrückter Krieg in der Luft sich vollendet.

Nach Nostradamus gibt es im Jahr 2006 einen ernsten Konflikt zwischen Italien und Frankreich. Ob es sich dabei um Umweltschäden handelt, die Italien verursacht, oder um ein Bauprojekt, das den französischen Nachbarn nicht passt, bleibt abzuwarten. Das von Nostradamus verwendete Kürzel »G« ist zurzeit nicht aufzulösen. Aufmerken lässt hingegen der »verrückte Krieg in der Luft«. Das bezieht sich wahrscheinlich auf eine Beeinflussung des Wetters, in welcher Form und aus welchen Gründen auch immer.

Die hohe Schule der Prophezeiung

Wer Michel de Notredame für einen verschrobenen alten Arzt aus der Provence hält, wird eines Besseren belehrt, sobald er sich mit ihm näher befasst. Nostradamus war ein hoher Würdenträger und der Leiter eines geheimen Zirkels. Er kannte die Interna der damaligen »Weltpolitik«, die sich hauptsächlich zwischen Spanien, England, Frankreich, Deutschland und Italien abspielte.

Allein schon deswegen hat er mehr als nur banale Alltagsprophezeiungen hinterlassen – und dieses »Mehr« findet man, wenn man in Kenntnis der Verschlüsselungsmethoden, die zu seiner Zeit üblich waren, nach weiteren versteckten Botschaften sucht. Nostradamus war ein reicher Mann. Er gewährte einem Franziskanerkloster bedeutende finanzielle

Unterstützung, und die kundigen Mönche lieferten ihm im Gegenzug ein Textwerk ab, das meines Wissens bis heute ohne Konkurrenz ist.

Die Geheimhaltung des Textes gegenüber dem gemeinen Volk war durch die strenge Klosterordnung gewährleistet. Selbst als Anfang des 17. Jahrhunderts ganze Handbücher zu den verschiedensten Methoden der Übermittlung geheimer Botschaften veröffentlicht wurden, ließ sich der Nostradamus-Code nicht entschlüsseln. Man übersah offenbar die Möglichkeiten, das Werk des Rosenmeisters (d. h. des Großmeisters der Rosenkreuzer) genauer zu untersuchen, obwohl damals offenkundig wurde, dass Nostradamus auch Schablonen verwendet hatte. Für weltliche Hinweise an den Souverän zum Beispiel wurde die Rautenschablone eingesetzt. Auf den folgenden vier Textseiten finden Sie den Text des Verses X, 6 in der Schablone der Raute geschrieben.

Abbildung 11: Porträt des Franziskanermönchs Rabelais. Er war der beste Freund von Nostradamus

Die 1. Zeile in der Rautenschablone

X, 6–1
Sardon Nemans si hault desborderont

```
 S   O   M   S   U   S   D   N
A R N N A N I H T D B O E R T
 D   E   S   A   E   R   O
```

Der ausgelesene Text

Rason an M Luth esbre dont
Vernunft Jahr 1000 Laute der Hoffnung
»Die Vernunft des Jahrtausends spielt die Laute der Hoffnung.«

Die Menschheit hofft, dass das neue Potenzial einer tödlichen Waffe nicht gegen sie eingesetzt wird.

Die hier wiedergegebene Entzifferung der Rauten ist eine der Möglichkeiten, diesen Text zu lesen. Der Kundige sei auf die Buchstaben der dritten Zeile aufmerksam gemacht. Dort steht: DES AERO. Da nach der Regel der Doppelbuchstaben (siehe S. 65) aus dem D auch ein T werden kann, lesen wir hier »Tes Aero«. »Tes« entspricht im Altfranzösischen der »These«. Demnach haben wir im Jahr 2006 mit einem Problem zu kämpfen, das mit der Luft (ero) zu tun hat.

Die 2. Zeile in der Rautenschablone

X, 6–2
Qu'on cuidera Deucalion renaistre

```
 Q     C     E     E     L     R     I    E
U O   U I   R A   U C   I O   E N   S T
 N     D     D     A     N     A     R
```

Der ausgelesene Text

Quo u cuir eau e ciloer nifte
Das was kocht Wasser im Versteckten schnüffeln wird
»Das, was ausgekocht und im Wasser versteckt wird, man erahnt.«

Dies ist so zu lesen, dass das, was heimlich ausgetüftelt wurde, erahnt wird. Anders formuliert: Die Waffe wird heimlich entwickelt, man erfährt aber davon.

Die 3. Zeile in der Rautenschablone

X, 6–3
Dans le colosse la pluspart fuyront,

```
 D   L   L   E   L   A   U   N
A N E C O S L A U S R T Y R T
 S   O   S   P   P   F   O
```

Der ausgelesene Text

Dan cel fol ale ful art yur nt
In diese Verrücktheit explodiert die Kunst am Tage nicht
»Diese Verrücktheit wirkt durch Explosion des Nachts.«

Nostradamus verwendet die Worte »Sorgfalt« und »Kunst« an anderer Stelle im Zusammenhang mit Vorhersagen, die sich auf Planung und Inbetriebnahme von technischen Einrichtungen beziehen. Die Beschreibung erinnert an eine Technik, die mit Licht, Laser oder einer neuen Erfindung zusammenhängt. Mit »Explosion des Nachts« ist eine neue Waffentechnik gemeint.

Die 4. Zeile in der Rautenschablone

X, 6–4
Vesta sepulchre feu estaint apparoistre

V	A	U	R	U	E	T	A	S
E S	S E	L C	E F	E S	I N	A P	R O	T R
T	P	H	E	T	C	P	I	E

Der ausgelesene Text

Seva se lucer feu si n a pap roi ter
Saft seines Luzifer Feuers so nicht hat der päpstliche König der Erde
»Es ist die Essenz des teuflischen Feuers und nicht die eines christlichen Königs der Erde.«

Die neue Waffe oder das neue Waffensystem wird von Nostradamus mit eindeutigen Worten verdammt.

Die Zerlegung der Buchstabenketten

Für die Nostradamus-Profis unter meinen Lesern folgt hier die Zerlegung der Buchstabenketten aller vier Zeilen des Verses X, 6. In einer solchen Übersicht erkennt man sofort, welche Wörter in diesem Text überhaupt verwendet worden sein können. Nur die Wörter, die zusammenhängend gelesen potenziell Sinn ergeben, kommen für die Untersuchung in Frage. Darüber hinaus sollte man von den Doppelbuchstaben wissen, die Nostradamus durch seine Ausbildung im jüdischen Ritus seiner Vorväter kannte. Es ist ein einfaches System, um den Sinn der Wörter zu verändern. Für den christianisierten Text, bei dem die Vokale in den Wörtern ausgeschrieben werden – anders als im Hebräischen – und man von links nach rechts liest, übernahm er diese Regel wie folgt:

F ist der Jokerbuchstabe –
er kann für jeden anderen Buchstaben stehen,
er kann als »Leerstelle« fungieren, dann wird er einfach weggelassen.
B kann P sein und umgekehrt.
C kann K sein und umgekehrt.
C kann G sein und umgekehrt.
K kann G sein und umgekehrt.
D kann T sein und umgekehrt.
U kann V sein und umgekehrt.

Wer genau hinsieht, bemerkt, dass es immer um die weiche oder harte Aussprache eines Buchstabens geht. Die Doppelbuchstaben können in dieser Zerlegung in beiden Versionen auftauchen, zum Beispiel als »Sport« oder als »Spord«.

Zeile 1

Sardon Nemans si hault desborderont

<u>SARD ON NEMANSSIHAULTDESBORDER ONT</u>

S	O	S	D	O	O
SA	ON	SI	DE	OR	ON
SAR	ONNE	SIH	T	ORD	ONT
SARD	N	SIHA	TE	ORDE	N
SARTO	N	I	DES	ORDER	T
SARDON	NE	IH	TES	R	D
A	NEMA	IHA	E	D	
AR	NEMAN	H	ES	T	
ARD	E	HA	ESB	DE	
ART	EM	HAU	ESP	TE	
ARTO	EMA	HAUL	ESBO	DER	
ARTON	EMAN	HAULT	ESPO	TER	
R	M	A	ESBOR	DERO	
RD	MA	AU	ESPOR	TERO	
D	MAN	AUL	ESBORD	E	
T	MANS	AULT	ESPORT	ER	
DON	A	U	S	ERO	
DONNE	AN	UL	SP	ERON	
TON	ANS	ULT	SPO	ERONT	
TONNE	N	L	SPORT	R	
		LT	SPORD	RO	
			SPORTE	RON	
			SPORDE	RONT	

Zeile 2

Qu'on cuidera Deucalion renaistre,

```
QUON   CUID    ERADEUC  ALIONR ENAI        STRE,
-------------------------------------------------

Q      C     D    D     A          E        S
QU     CU    DE   DE    AL         EN       ST
QUO    CUI   DER  DEU   ALI        ENA      STR
QUON   CUID  TER  DEUC  ALIO       ENAI     STRE
 U     CUIT  TERA  E    ALION      ENAIS     T
 V     CUIDE  E    EU    L          N        TR
 VO    CUITE  ER   EUC   LI         NA       TRE
 VON   CUIDER ERA  EUCA  LIO        NAI       R
  O    CUITER ERAD EUGA  LION       NAIS      RE
  ON    U     ERAT EUCAL  I         NAIST      E
  ONC   VI     R    U     IO        NAISTR
  ONCU  VID    RA   UC    ION       NAISTRE
   N    VIT    RAD  UCA    O         A
        VIDE   RAT  UCAL   ON        AI
        VITE   RATE  C      N        AIS
        VIDER   A    CA     R        AIST
        VITER   AD   CAL    RE        I
         I      ADE  CALI   REN       IS
         IT     ATE  KALI   RENA      IST
         ID     ATEU CALIO  RENAI     ISTR
         ITE    ADEU CALION RENAIS    ISTRE
         IDE                RENAIST
                            RENAISTR
```

Zeile 3

Dans le colosse la pluspart fuyront,

Danslecolosselapluspartfuyront,

```
DANS  LECO  LOSSELAP LUSPART FUYRONT,

D     L     L        L       F
DA    LE    LO       LU      FU
TA    LEC   LOS      LUS     FUY
DAN   LEG   LOSS     LUSP    FUYR
DANS  LECO  LOSSE    LUSB    FUYRO
TANS  LEGO   O        U       U
 A    LECOL  OS       US      UY
 AN    E     OSS      USP      Y
 ANS   ECO   OSSE     USPA     YR
  N    EGO   OSSEL     S       YRO
   S   ECOL   S        SP      IRO
        C      S       SPA      R
        CO     SE      SPAR     RO
        COL    SEL     SPART    RON
        COLO   SELA     P       RONT
        COLOS   E       PA      ROND
        COLOSS  EL      PAR      O
         O      ELA     PART     ON
         OL     ELAP     A       ONT
         OLO     L       AR      OND
         OLOS    LA      ART      N
                 LAP      R        T
                          RT
                           T
```

Zeile 4

Vesta sepulchre feu estaint apparoistre.

<u>Vestasepulchrefeuestaintapparoistre</u>

```
VESTA    SEPU   LCH REFEUES T  AINTAP   PARO   ISTRE
V        S      L        E     A        P      I
VE       SE     LC       EU    AI       PA     IS
VES      SEP    LCH      EUE   AIN      PAR    IST
VEST     SEB     C       EUES  AINT     PARO   ISTR
VESTA    SEPU    CH       U     I       PAROI  ISTRE
 E       SEPUL    H       UE    IN      PAROIS  S
 ES      SEPULC     R     UES   INT     BAROIS  ST
 EST     SEPULCH    RE    VES   IND      A      STR
 ESTA     E         REF    E    INTA     AR     STRE
 ESTAS    EP        REFE   ES   INDA     ARO     T
 ESTASE   EPU       REFEU  EST   N       AROI    TR
  S       EPUL      REFEUE ESTA   T      AROIS   TRE
  ST      EBUL       E      S     TA     AROIST   R
  STA      B         EF     ST    TAP     RO      RE
  STAS     PU        EFE    STA   TAB     ROI      E
   T       PUL       EFEUE   T    TAPPA   ROIS
   TA      PULC       F      TA   TAPPAR  ROIST
   TAS     PULCH      FE     TAI  TAPPARO ROISTR
   TASE     U         FEU    TAIN  A       O
    A       UL        FEUE   TAINT AP      OI
    AS      ULC       FEUES        AB      OIS
    ASE     ULCH                           OIST
                                           OISTR
                                           OISTRE
```

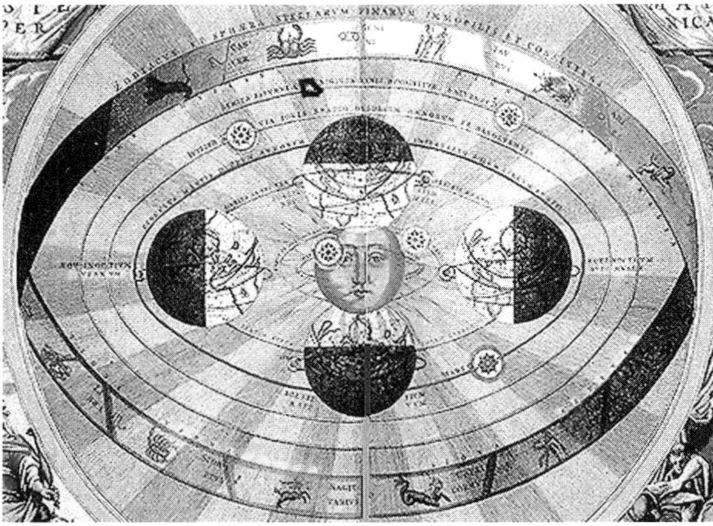

Abbildung 12: Darstellung des Zodiacum

4

Erweiterte Nostradamus-Prophetie für das Jahr 2006

Nostradamus hat mehr als die auf den letzten Seiten besprochenen Prophezeiungen für das Jahr 2006 hinterlassen. Den Hintergrund zu den ergänzenden Texten, die in diesem Kapitel vorgestellt werden sollen, habe ich erstmals in meinem Buch »Nostradamus – Das Handbuch des Weltschicksals« veröffentlicht (München 2003). Es handelt sich um Prophezeiungen, die zeitlich parallel zur christlichen Jahreszählung zu lesen sind.

Die großen Weltreligionen Christentum, Judentum und Islam zählen die Jahre nämlich von alters her auf unterschiedliche Art und Weise. So verzeichnet im christlichen Jahr 2006 der islamische Kalender das Jahr 1426/1427 und der jüdische das Jahr 5766/67 (je nach Neujahrstermin). Die Zuordnung der Prophezeiungstexte für das Jahr 2006 findet sich in der zehnten Centurie im Vierzeiler Nummer 6 bzw. 7. Somit kann man den Weissagungstext für den Islam des Jahres 1426/1427 in der vierten Centurie, Vers 26/27, finden. Die Ziffer für die 1000 wird weggelassen, die Tausend beginnt so mit 001, weil Nostradamus nur mit einem dreistelligen Zahlenrahmen arbeitete, das heißt von 1–999.

Lassen Sie uns nun gemeinsam durch das Tor zum Jahr 2006 gehen, um einen Blick auf die anstehenden Ereignisse zu werfen. Auf den folgenden vier Seiten habe ich Ihnen – als Auszug aus dem »Handbuch des Weltschicksals« – die Texte des Jahres 2006 nebeneinander gestellt. Prüfen Sie bitte selbst die inhaltliche Beziehung der Texte untereinander. Auf der ersten Seite lesen Sie die Kurzform, die Nostradamus allgemein für die westlich-christliche Welt hinterlassen hat. Es ist der Text des Verses X, 6, wie er in diesem Jahrbuch besprochen wird. Er gilt für alle westlichen Regierungen oder Länder.

Auf der zweiten Seite finden Sie die Weissagungen für die Christenheit und die katholische Kirche im Speziellen.

Auf der dritten und vierten Seite sind die Texte für die Nachkommen Abrahams, also Isaaks und Ismaels, aufgeführt.

Das Jahr 2006 für die christlich orientierten Staaten

Originaltext

Sardon Nemans si hault desborderont
Qu'on cuidera Deucalion renaistre,
Dans le colosse la pluspart fuyront,
Vesta sepulchre feu estaint apparoistre.

Standardübersetzung

Sardon, Nîmes, Wasser werden es hoch überschwemmen,
dass man glauben wird, Deukalion sei wiedergeboren,
in den Koloss die meisten flüchten werden.
Im Grab der Vesta wird das erloschene Feuer erscheinen.

Zeichenkette

SARDONNEMANSSIHAULTDESBORDERONT
QUONCUIDERADEUCALIONRENAISTRE
DANSLECOLOSSELAPLUSPARTFUYRONT
VESTASEPULCHREFEUESTAINTAPPAROISTRE

Tiefer gehende Übertragung

Sarazenen geben sich tausend Jahre – so hoch wie die unbegrenzte Luft.
Wenn die Zeit des Brennens kommt – zwei zum Löwen wiedergeboren.
In vier Jahren der Riese die meisten zur Flucht bringt.
Fünf ist eins – Grabstätte des Feuers im Osten zum Vorschein kommt.

Kommentar

Lesen Sie bitte einmal sämtliche Spalten der Prophezeiungssequenz für das Jahr 2006 quer: Die Texte beschreiben, einander ergänzend, Ereignisse im Nahen Osten. In der tiefer gehenden Übertragung zeigt sich überschießende Freude oder eine bestimmte Reaktion der »Sarazenen« – ein Begriff, der sich in Nostradamus' Zeit auf die arabische Welt allgemein bezog. Um das Jahr 2006 haben wir also mit einem Stimmungsumschwung im arabischen Lager zu rechnen, der durch einen Sieg welcher Art auch immer ausgelöst wird.

Das Jahr 2006 für die katholische Kirche

Originaltext

Nouvelle loy terre neuve occuper,
Vers la Syrie, Iudee et Palestine:
Le grand empire barbare corruer,
Avant que Phebes son siecle determine.

Standardübersetzung

Neues Gesetz besetzt neues Land,
gegen Syrien, Israel und Palästina,
das große barbarische Reich wird stürzen,
bevor Phebes seinen Zyklus beendet hat.

Zeichenkette

NOUVELLELOYTERRENEUVEOCCUPER
VERSLASYRIEIUDEEETPALESTINE
LEGRANDEMPIREBARBARECORRUER
AVANTQUEPHEBESSONSIECLEDETERMINE

Tiefer gehende Übertragung

Neue Eins, dort, wo die Erde neu erobert wurde.
Gegen das Übel lacht Jüdisches und die Forschung der östlichen Kugel.
Das große Reich der Barbaren mit dem Herzen der Straße.
Bevor Phoebos sein Jahrhundert beendet.

Kommentar

Hier haben wir es mit einem neuen Gesetz in Palästina zu tun. Das deutet auf eine Neuregelung der politischen Territorien in dieser Region hin. Ein Blick auf die Prophezeiungssequenz für die Kinder Abrahams (s. nächste Seite) zeigt jedoch, dass diese »Ordnung« trügerisch sein wird. In der tiefer gehenden Übertragung erhält man weitere Informationen.

Das Jahr 2006 für die Nachkommen Isaaks

Originaltext

L'arbre qu'stoit par long temps mort seché,
Dans une nuict viendra à reverdir:
Cron Roy malade, Prince pied estaché,
Craint d'ennemis fera voile bondir.

Standardübersetzung

Der Baum, welcher für sehr lange Zeit abgestorben war,
wird in einer Nacht ergrünen.
Der König krank, der Fuß des Prinzen lahm.
Durch sein Geschrei lassen die Feinde die Segel setzen.

Zeichenkette

LARBREQUEFTOITPARLONGTEMPSMORTFECH
DANFUNENUICTVIENDRAREVERDIR
CRONROYMALADEPRINCEPIEDEFTACH
CRAINTDENNEMISFERAVOILEBONDIR

Tiefer gehende Übertragung

Die Araber, welche für lange Zeit vertrocknet waren,
in vier Jahren in einer Nacht wieder grün werden.
Wenn die Hundert sich vollendet, ist der König krank, des Prinzen Fuß gelähmt.
Angst vor den Feinden wird ihre Segel aufblähen.

Kommentar

Nostradamus kündigt für die Kinder Abrahams eine neue Situation an. Im geheimeren Text der tiefer gehenden Übertragung bezeichnet er auch die Ursache, nämlich die Araber. Sie finden offenbar einen Weg, um ihre Interessen nach einer Zeit der Ohnmacht wieder durchzusetzen.

Das Jahr 2006 für den Islam

Originaltext

Lou grand eyssame se levera d'abelhos,
Que non sauran don te siegen venguddos:
Deuech l'ebousq, luo gach dessous las treilhos
Ciutard trahido per cinq lengos non nudos.

Standardübersetzung

Großer Bienenschwarm erhebt sich, zum eigenen Schutz getarnt.
Niemand wird die Herkunft wissen.
Entdeckt die Öffnung, unter Schlamm aufgeschnitten,
Stadt verraten, durch fünf nicht nackte Weiße.

Zeichenkette

LOUGRANDEYSSAMESELEVERADABELHOS
QUENONSAURANDONTESIEGENVENGUDDOS
DEUECHLEBOUSQLUOGACHDESSOUSLASTREILHOS
CIUTARDTRAHIDOPERCINQLENGOSNONNUDOS

Tiefer gehende Übertragung

Der Wolf der großen Stadt in schlechter Absicht rebelliert, um hohnlachend Spaß zu haben.
Das, was man verkauft, wird man auf den langen Marsch schicken.
Die erste Lehre, die sich bloßstellt, der Rache der Knochen anheim fällt. Gehalten, als ob im Mist.
Der Wolf rührt die Lehre an unter dem schlechtesten Geflecht der Knochen.

Kommentar

Es geht um Kriegsvorbereitung. Offenbar rüstet man in dieser Zeit im Geheimen auf. »Bienenschwärme« könnten eine Vielzahl von kleineren Fluggeräten sein. Mit dem »Wolf« ist wohl ein Terrorist oder Rebell gemeint. Ist dies eine Anspielung auf die Ereignisse des 11. September 2001 in New York? Im geheimen Text warnt Nostradamus die Muslime vor einer Veränderung ihrer Glaubensgrundsätze unter dem Eindruck von »Knochen«, also von Toten.

Abbildung 13: Die Werkstube eines Astrologen

5

Nostradamus und die Astrologie

Nostradamus war in erster Linie Arzt. Eng mit diesem Beruf verbunden war die Astrologie, die damals von der praktischen Astronomie noch nicht zu trennen war. Denn im 16. Jahrhundert war die aktuelle Position der »Wandelsterne«, wie man Sonne, Mond, Merkur, Venus, Mars, Jupiter und Saturn nannte, nur durch Beobachtung des nächtlichen Sternenhimmels zu ermitteln. Man registrierte, wie die Sternbilder über das eigene Haus hinwegzogen, und notierte jeweils ihren Stand, wenn in diesem Haus ein Kind geboren wurde.

Der Norden Europas war von dieser Kunst so gut wie abgeschnitten, denn zu oft versperrten Wolken den Blick auf die Sterne. Erst Tycho Brahe errechnete die Umlaufbahnen der Planeten und veröffentlichte Tabellen, mit denen der aktuelle Stand der Wandelsterne bestimmt werden konnte. Tycho Brahe steht am Anfang der modernen Astrologie. Heute genügen wenige Eingaben, und der Computer errechnet uns den Gestirnstand zu jedem beliebigen Tag und zu jeder Stunde.

In meinem gemeinsam mit Horst Bergmann verfassten Buch »Der Astro-Code des Nostradamus« (München 2004) erläutere ich die Techniken des Astrologen Nostradamus. Damals standen den Sternkundigen natürlich keine astrologischen Computerprogramme zur Verfügung, sondern lediglich Tabellen, so genannte Sternentafeln, die auf der Mondastrologie basierten, wie sie noch heute in der arabischen Astrologie üblich ist.

Beriet der Astrologe einen Herrscher, Heerführer oder berät er heute einen Präsidenten, Premierminister oder Bundeskanzler, einen Konzern- oder Firmenchef, so erstellt er ausgehend von Geburtszeit und -ort ein Grundhoroskop, das

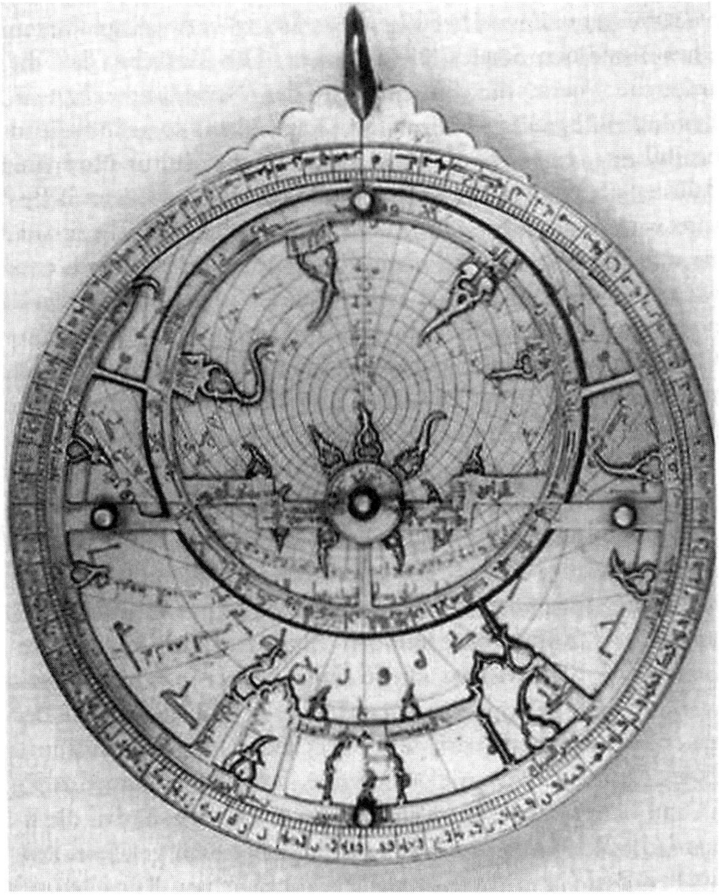

Abbildung 14: Ein Astrolabium, von Nostradamus »goldene Sternentafel« genannt

er mit den aktuellen Auslösungen vergleicht und beurteilt. Ein solches Horoskop kann auch anlässlich einer Staaten- oder Firmengründung erstellt werden.

Nennen wir dieses Horoskop also die Grundmatrix. Sie bleibt gültig, solange der Mensch lebt bzw. der Staat oder die Firma bestehen. Man könnte diese Grundmatrix auf eine Folie brennen und über eine Matrix mit den aktuellen Gestirnständen legen. Alle vierzehn Tage gibt es zwei besonders auffällige Erscheinungen am Nachthimmel: den Vollmond und den »Gar-kein-Mond«, d. h. den Neumond. Jeweils zu diesen markanten Mondphasen vergleicht man die Grundmatrix mit den Gestirnständen am Himmel.

Um das nostradamische Weltbild der Astrologie zu verstehen, müssen wir diese Technik kennen. Wir müssen außerdem berücksichtigen, dass er nach der julianischen Jahreszählung rechnete. Die Kalenderkorrektur unter Gregor wurde erst ein Jahrzehnt (1575) nach seinem Tod (1566) auf den Weg gebracht.

Sterndeutung in der Renaissance

Nostradamus hatte Zugang zu einem sorgsam gehüteten Staatsgeheimnis: zum Geburtshoroskop des französischen Königs. Aus diesem konnte ein Experte wie er die Stärken und Schwächen des Herrschers erkennen. Nachts beobachtete Nostradamus den Sternenhimmel und legte die Position der Wandelsterne fest. Nun konnte er die aktuelle Situation begutachten und Heinrich II. alle Fragen zu seinem persönlichen Schicksal und zu den Geschicken des Landes beantworten.

Die Fragen, die die wohlhabenden Klienten im Königreich damals an Nostradamus stellten und die meist den männlichen Nachkommen galten, ergaben sich aus den damaligen Lebensbedingungen:

- Wird das Kind ein kurzes oder ein langes Leben haben?
- Was wird aus ihm werden? Ein angesehener Bürger? Oder wird das Kind durch die Umstände zum Bettler, Dieb oder gar Räuber?
- Wird sein Leben durch Krankheit gefährdet?
- Wird es einen leichten oder einen schweren Tod haben?
- Wird es unter Schmerzen an einer Krankheit sterben?
- Wird es ermordet werden?
- Muss der Knabe in den Krieg ziehen?
- Gerät er in Gefangenschaft?
- Wird er schuldig oder unschuldig in den Kerker geworfen werden?
- Wird er hingerichtet werden?

Galten die Fragen einem kleinen Edelfräulein, lauteten sie oft folgendermaßen:

- Wird sie reich heiraten?
- Wird sie einen einflussreichen Mann heiraten?
- Sollte man die Mitgift in Raten auszahlen, weil ein früher Tod angezeigt ist?
- Wie viele Kinder wird sie bekommen?
- Wird sie im Kindbett sterben?

Heute leben wir in relativ gesicherten Verhältnissen, die Gesundheitsversorgung ist garantiert; Kriege finden (noch) in sicherer Distanz statt; Armut ist zwar ein soziales Stigma, aber nicht mehr existenzbedrohend. Es sind daher nicht

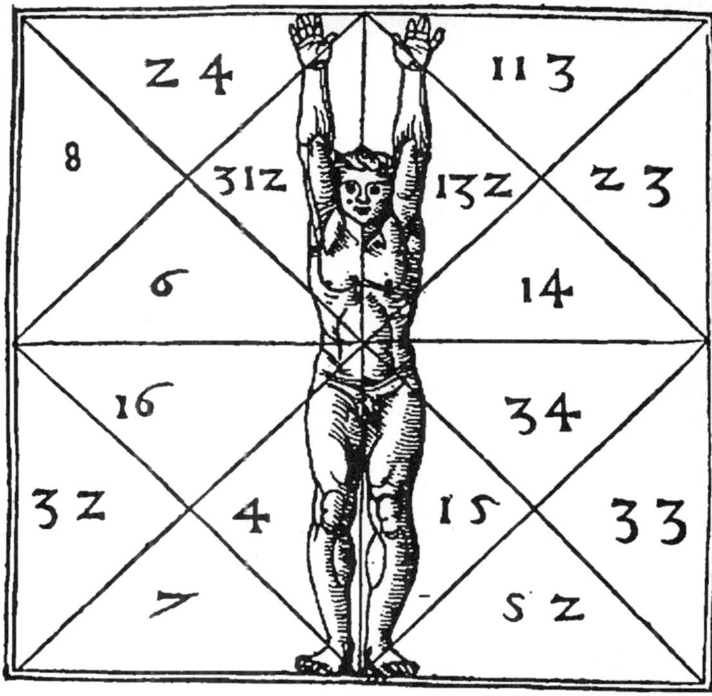

Abbildung 15: Schema des viereckigen Horoskops im Mittelalter

mehr die Fragen nach dem »Schicksal« eines Menschen, die bei einem Horoskop im Vordergrund stehen. Heute sind es die Fragen nach Liebe, Glück und Geld. Doch eines ist geblieben: Es ist für uns weiterhin wichtig zu wissen, was wir von der Zukunft zu erwarten haben. Dies wird im Folgenden für das Jahr 2006 offen gelegt.

Rundes oder eckiges Horoskop?

Seit Nostradamus hat sich in der Astrologie viel verändert. Das fängt schon bei der Darstellung des Sternenhimmels im Horoskop an. Heute benutzen Astrologen bekanntlich das runde Horoskopschema mit den zwölf Tierkreiszeichen. Nostradamus hätte eine solche Form nie akzeptiert, denn als Kind des Spätmittelalters galt ihm die runde Form als Ausdruck der Unberechenbarkeit. Diese Form hätte also im Widerspruch zur Astrologie gestanden. Anders verhielt es sich mit dem eckigen – etwa dem viereckigen – Schema, welches als Symbol für die Berechenbarkeit angesehen wurde. Diese eckigen Horoskope sind die älteste übliche Darstellungsform.

Das viereckige Abbild des Himmels wurde seit dem alten Ägypten von den Astrologen verwendet und zeigt noch ganz entfernt seine Herkunft von der Pyramidenastrologie. Oben auf den Pyramidenspitzen, die flach waren, hielten sich die Sternbeobachter auf. Durch die vier Pyramidenseiten war die Rundumsicht in vier Sektoren eingeteilt. Innerhalb dieser Sektoren gab es noch eine Unterteilung, die festhielt, auf welcher Höhe sich der beobachtete Stern oder das Sternbild befand.

Letztlich ergeben sich so zwölf Dreiecke, deren sechs mit der Basis nach außen gerichtet sind und sechs nur mit ihren Spitzen die Basiskante berühren. Die Dreiecke entsprechen den zwölf Häusern oder zwölf Tierkreiszeichen heutiger Darstellungsformen.

Die Planeten wurden sodann an drei markanten Punkten eingetragen: bei null Grad oder dem Anfang, bei fünfzehn Grad oder der Mitte und bei dreißig Grad oder dem Ende der Dreiecke. Sie finden im Kalendarium genau diese Technik für das Jahr 2006 umgesetzt.

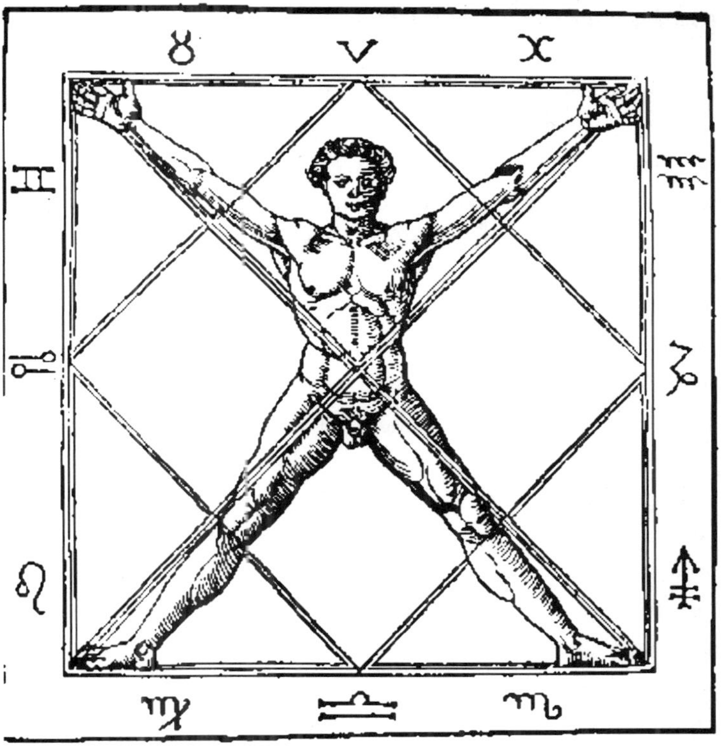

Abbildung 16: Der Mensch im Horoskop

Ein prophetisches Gutachten für das Jahr 2006

Zu Lebzeiten von Nostradamus übten Astrologen, Seher und auch andere »Künstler des Geistes«, also Menschen mit besonderen spirituellen Begabungen, an den Höfen der Renaissance-Fürsten eine wichtige Funktion aus. Die Herrschenden suchten gezielt nach Seher-Talenten, die nicht in Klöstern lebten, denn man misstraute Weissagern, die in Abhängigkeit von der Kirche lebten. Und so fiel die Aufmerksamkeit von Heinrich II. und seiner Frau Katharina von Medici auf den Astrologen Michel de Notredame. Als Nostradamus im August 1555 am Hofe Heinrichs II. sein Debüt gab, konnte er das Herrscherpaar von seinen Fähigkeiten überzeugen, und sie übergaben ihm einen Bargeldbetrag, der ihn für den Rest seines Lebens finanziell absicherte. Die Absicht, die hinter dieser großzügigen Geste steckte, war klar: Durch diese einmalige finanzielle Zuwendung war Nostradamus nicht von einem »Gehalt« abhängig und konnte dem Herrscherpaar Rede und Antwort stehen, ohne befürchten zu müssen, dass seine Ratschläge und Weissagungen König und Königin erzürnten. Heinrich und Katharina wiederum konnten sich so sicher sein, dass Nostradamus ihnen nicht nach dem Munde redete.

Begabte Seher und Voraussager aus dieser Zeit kann man mit Spionen vergleichen, die nicht in das Land oder an den Hof des Feindes geschickt werden mussten, um zu erfahren, mit welchen Intrigen und Aktivitäten man in nächster Zeit zu rechnen hatte. Nostradamus war nach 1555 Geheimrat am Hofe Heinrichs II. von Frankreich, und nachdem dieser bei einem Turnier den Tod gefunden hatte, arbeitete er für Katharina von Medici und ihre Söhne. Die Funktion eines Geheimrats entspricht in etwa der eines Sicherheitsberaters einer Regierung der heutigen Zeit. Nostradamus erstellte für den französischen König geheime Gutachten, denn der Hofstaat sollte nicht an diese wichtigen Informationen gelangen. Diese Stellung begründete einen Teil der Macht des Nostradamus.

Auf den nächsten zwei Seiten stelle ich ein solches Nostradamus-Gutachten für das Jahr 2006 nach. Die Deutungsprinzipien entsprechen den Gepflogenheiten der mittelalterlichen Astrologie und gründen sich auf die Neumond-Astrologie der arabischen Schule. Wenn Sie verstehen wollen, was Sie auf den nächsten Seiten lesen, dann versetzen Sie sich in die Rolle eines deutschen Kaisers (heute sagt man Bundeskanzler dazu), der von seinem astrologischen Berater eine Grundlage für seine Regierungsgeschäfte und Entscheidungen für das Jahr 2006 verlangt hat.

Prognose

1. Sire, in diesem Jahr sind Verluste im Volk zu erwarten. Dadurch kommt es zu Missstimmungen unter Euren Untertanen. Das Volk wird zu Gewalttaten neigen, weil der ihm zugemutete Verzicht unerträglich wird.

2. In Eurem Königreich haben sich Betrug und Blendwerk breit gemacht. Auch wirkt sich die Arglist anderer Könige in Eurer Nachbarschaft schädlich für Eure eigene Schatzkammer aus.

3. Dem Handwerk und den Betrieben fehlt das Geld für die Handwerksstätten. Dadurch kommt es zu einer Verringerung der Arbeit für das Volk.

4. Sire, meidet in diesem Jahr das Wasser. Gefahren lauern im Wasser oder durch Wasser. Seid vorsichtig bei Seereisen!

5. Seid auf Zerstörung durch Erdbeben oder ungewöhnliche Brandstätten in Eurem Königreich gefasst.

6. Es ist kein gutes Jahr für Geldangelegenheiten. Rechnet damit, dass Eure Bürger bei Spekulationen große Verluste erleiden. Auch für Euch ist großer Schaden für die Schatzkammer durch Irrtum, Täuschung oder Unklarheit angezeigt.

7. Ihr werdet gezwungen sein, militärische Verbände aufzustellen und sie Euren befreundeten Königen in einem Konflikt zur Verfügung zu stellen. Rechnet deshalb mit Zwist unter Euren Ministern und der Generalität. Misserfolge des Unternehmens sind angezeigt. Der Zusammenbruch der Einheit im Krieg ist wahrscheinlich.

8. Sire, erwartet Bosheiten und Verdrehungen auf weltanschaulichem Gebiet. Ihr werdet gezwungen sein, auf Veränderungen in Religion und Weltanschauung zu reagieren.

9. Erwartet in diesem Jahr grundsätzliche Auseinandersetzungen mit Frauen sowohl in Eurem Reich als auch in den Reichen der befreundeten Könige. Bedeutsam für Euch ist, dass eine dieser Frauen durch Krankheit sehr geschwächt sein und sich aus der Öffentlichkeit zurückziehen wird. Achtet auf den oder die Nachfolgerin!

10. Euch wird vom Tod der Geiseln, die in Gefangenschaft geraten werden, berichtet werden. Dadurch werdet Ihr angst- und sorgenvolle Stunden durchleben.

11. Sire, in diesem Jahr befindet Ihr Euch in großer Gefahr. Rechnet mit ungewöhnlichen Verbrechen in anderen Ländern, die sich bis in Euer Königreich auswirken werden.

Maßnahmen

1. Überprüft Eure Anordnungen und Eure Ratgeber sorgfältig. Versucht, neue Ratschläge von anderen Ratgebern einzuholen. Trennt Euch von im Volk unbeliebten Beamten. Erforscht in kurzen Abständen die Stimmung im Volk.

2. Stellt Euch frühzeitig darauf ein, dass Ihr die Fehler anderer Souveräne korrigieren müsst, um den Unmut in Eurem eigenen Volk zu besänftigen.

3. Ihr kommt nicht umhin, aus Eurer Schatzkammer Geld zu nehmen und es nach einem neuen Schlüssel unter das Volk zu verteilen. Sucht aber schon früh nach der eigentlichen Ursache und bestraft drakonisch die Übeltäter, die eine solche Situation herbeigeführt haben.

4. Achtet auf die äußeren Umstände, bevor Ihr Entscheidungen trefft, die Euch mit Wasser in Verbindung bringen oder mit Wasser zu tun haben.

5. Überprüft Eure geplanten Maßnahmen für den Fall von größeren Ereignissen. Lasst die Hilfsgüter für das Volk in Euren Depots überprüfen und neu ordnen.

6. Es ist ratsam, die Pfründe der Beamten zu schmälern, um dem Unmut im Volk zu begegnen. Erwägt auch, die Verantwortlichen zu entlassen. Möglicherweise kommt dadurch erst alles an den Tag.

7. Seid in militärischen Angelegenheiten sehr zurückhaltend und überdenkt die Situation. Sucht nach Auswegen. Verzögert Eure Entscheidungen.

8. Eine heikle Situation. Denkt an die möglichen Verstimmungen im Volk und sucht in Eurem Tun Übereinstimmung mit der Geistlichkeit.

9. Sire, Ihr solltet in diesem Jahr keine Frauen in Eure Dienste nehmen und Euch nicht auf politische Händel mit Frauen einlassen.

10. Hier kann ich Euch nicht raten. Es sind Ereignisse, die Ihr auch nicht durch noch so große Sorgfalt vermeiden könnt. Lasst alle Pläne für Maßnahmen gegen den Terror überprüfen.

11. Ermahnt Eure Leibgarde zu allerhöchster Wachsamkeit. Verstärkt die Einsätze von Spähern auch bei befreundeten Königen, um rechzeitig gewarnt zu werden.

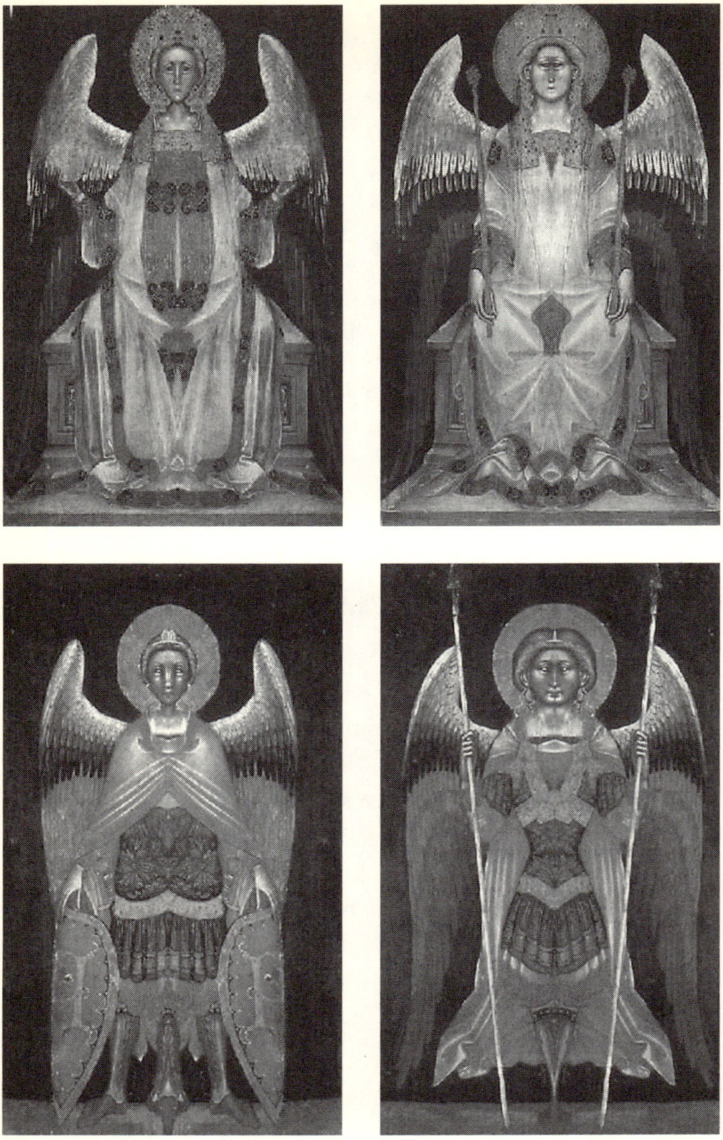

Abbildung 17: Engel der Apokalypse

6

Das Kalendarium 2006

Liebe Leserinnen und Leser,
wie bereits in den Vorjahren steht Ihnen auch für 2006 wieder ein besonderes Kalendarium zur Verfügung. Woche für Woche habe ich mit Hilfe meiner Berater nach den Regeln der alten Kunst die Bewertung der astrologischen Situation für die Welt, für Deutschland und für Sie privat zusammengestellt.

Für die Wochen des Jahres 2006 hat mir ein Altmeister der Astrologie freundlicherweise die Horoskopbilder zur Verfügung gestellt. Vermutlich hat Nostradamus die Planeten Uranus, Neptun und Pluto noch nicht gekannt. Der Vollständigkeit halber sind sie trotzdem hier berücksichtigt worden.

Rechts oben auf den Kalenderseiten für die jeweilige Woche finden Sie das Wochenhoroskop, berechnet und dargestellt nach der altägyptischen Methode. Innerhalb des Kalendariums können Sie außerdem selbst ein Tagebuch mit Stichwörtern führen, denn dieses Buch soll für Sie zu einem persönlichen astrologischen Arbeitsbuch werden. Notieren Sie sich bitte die besonderen Ereignisse in Ihrem Privatleben und beurteilen Sie sie einige Wochen, Monate oder Jahre später hinsichtlich ihrer Auswirkungen. Das ist eine Vorgehensweise, die jedem Kundigen wärmstens zu empfehlen ist.

Unter dem Stichwort »Astrothema« finden Sie die Zusammenfassung der Wirkungen aller Planetenstände am betreffenden Tag. Ein Hellseher hat nach dem Vorbild des englischen Hellsehers und Astrologen Charubel (sein bekanntestes

Werk ist »Die Grade des Zodiaks«) diese Arbeit aktuell für das Jahr 2006 geleistet.

Diese Stichpunkte für einen Tag gelten jeweils für uns alle. Für die Geburtstagskinder des betreffenden Tages beziehen sie sich auf das ganze Jahr.

Anwendung der Formeln im Astrothema

1. Geburtstagskinder: Schreiben Sie den Text, der für Ihren Geburtstag steht, heraus, damit Sie nicht durch andere Texte abgelenkt werden.

Angenommen, Sie finden unter Ihrem Datum:

Großer Baum, kleine Blätter, ein Korb.

Schreiben Sie diesen Text in Versalien, wobei Leer- und Satzzeichen entfallen:

GROSSERBAUMKLEINEBLÄTTEREINKORB

Versuchen Sie nun, eine Botschaft herauszulesen, die in irgendeinem Bezug zu Ihnen und dem Jahr 2006 steht, denn nur was Sie in der Buchstabenkette erkennen, ist auch für Sie bestimmt! Beispielsweise ließe sich herauslesen (nicht verwendete Buchstaben sind kleingeschrieben):

GROSSER BAU mkl EIN ebläät TEREIN k ORB

Hier ginge es demnach um einen »großen Bau« und »ein Terrain im Umkreis (Orb)«. Als Nutzer wird Ihnen im Lauf des Jahres ein »Licht« aufgehen, was der komprimierte Code für

Sie zu bedeuten hat oder hatte. Sie werden sehen, dass es in vielen Fällen gar nicht darum geht, Ihnen etwas vorherzusagen, sondern darum, Ihnen eine Erklärung für etwas zu geben, das für Sie rätselhaft war, oder eine Lösung in einer zweischneidigen Situation anzubieten.

2. Tagesbotschaft für alle: Suchen Sie als ersten Schritt den Ihrem Geburtstag 2006 zugeordneten Text und lesen Sie ihn wie unter Punkt 1 beschrieben aus.

Fügen Sie nun den aktuellen Tagestext hinzu und decodieren Sie ihn auf die gleiche Weise. Ergänzen sich beide Texte, dann war eine Aussage darin für Sie bestimmt. Allerdings kann es auch vorkommen, dass die ergänzenden Worte sich nicht sinnvoll mit Ihrem Jahrescode zusammenfügen. Das bedeutet dann einfach: Kein Grund für eine Hilfestellung – keine Aussage für diesen Tag!

Abweichend vom Geschäftskalender beginnt die astrologische Woche bereits mit dem Sonntag, also der Sonne, und endet mit dem Saturntag, dem Samstag, als letztem Planeten gemäß dem Alten Weltbild des Nostradamus.

1. Woche vom 1.1. bis 7.1.2006

Astrothema (Tagesbotschaft und Geburtstagsmotto)

1. Es geht um zehn kurze und drei lange Stöcke.
2. Man hört dauernd ein Klicken im Hintergrund.
3. Eine Kirchenglocke schlägt neunmal.
4. Jemand versucht ein Stück Blech zu biegen.
5. Heftiger Regen verursacht nasse Füße.
6. Die Buchstabenfolge b-o-r-o-n-a-x wird geschrieben.
7. Ein Gärtner füllt Blumentöpfe.

Besonderheiten und allgemeine Tendenzen in dieser Woche

Welt: Man hört von juristischen Klagen gegen Verantwortliche, diskutiert Schuldfragen und erlebt den Verlust der Glaubwürdigkeit von Politikern. Durch radikale Äußerungen kommt es zu ungewöhnlichen Reaktionen. Führer treffen sich, um den Griff nach der Macht abzusprechen oder um in einer Sache die Oberhand zu gewinnen.

Deutschland: Ein Klima der gegensätzlichen Ansichten und Entscheidungen. Man greift sich ungewöhnlich scharf aus Glaubensgründen an. Es gibt Probleme in Krankenhäusern mit Keimen oder Erregern.

Privat: Eine Zeit, in der tatkräftiges Handeln im privaten Bereich beliebt ist. Man lebt das »Macherimage« aus, d. h., man will aus sportlichen Gründen top sein und aus eigener Kraft Höchstleistungen erzielen und glänzen.

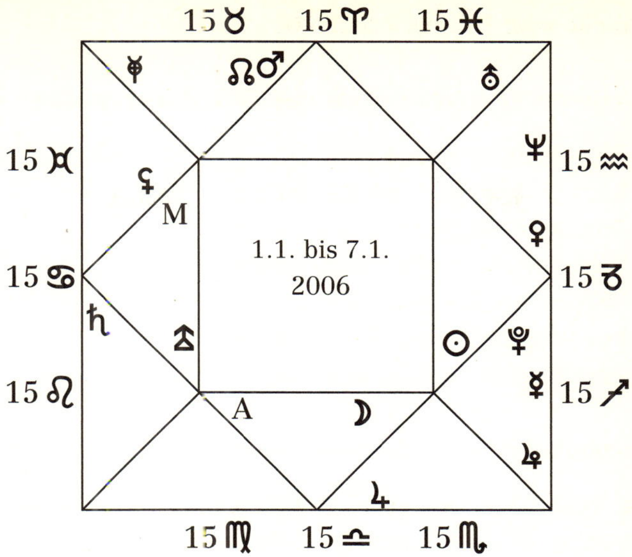

Was geschah im Januar 2006 am:

1. ______________________________

2. ______________________________

3. ______________________________

4. ______________________________

5. ______________________________

6. ______________________________

7. ______________________________

2. Woche vom 8.1. bis 14.1.2006

Astrothema (Tagesbotschaft und Geburtstagsmotto)

8. Ein Brief wird zerrissen.
9. Kurze Stöcke werden gebündelt.
10. Jemand kocht Tee.
11. Eisenbahnschienen auf dem Schrottplatz.
12. Jemand erklärt Geräusche im Radio.
13. Ein Buchhalter radiert Zahlen aus.
14. Eine Hügellandschaft in der Mittagshitze.

Besonderheiten und allgemeine Tendenzen in dieser Woche

Welt: Viele Situationen im politischen Bereich sind und bleiben unklar. Ein Skandal um eine Person oder eine von einer Person dominierte Regierung führt dazu, dass verstaubte Gewohnheiten abgelegt werden. Dinge enden. In den nächsten Wochen besteht die konkrete Gefahr einer gewollten oder ungewollten atomaren Explosion.

Deutschland: In der Politik steckt man in einer Sackgasse oder man erkennt, dass man in einer solchen steckt. Resignation macht sich breit. Streit wegen umstrittener Handlungen und Entscheidungen ist in dieser Woche angezeigt. Parteien, Verbände oder Interessengemeinschaften zeigen sich überheblich.

Privat: Plötzlich kommt Bewegung in verfahrene Situationen. Hilfestellungen und Verbesserungen werden großzügig gewährt. Es ist eine günstige Zeit, um sich mit Freunden oder mit Verwandten zu treffen.

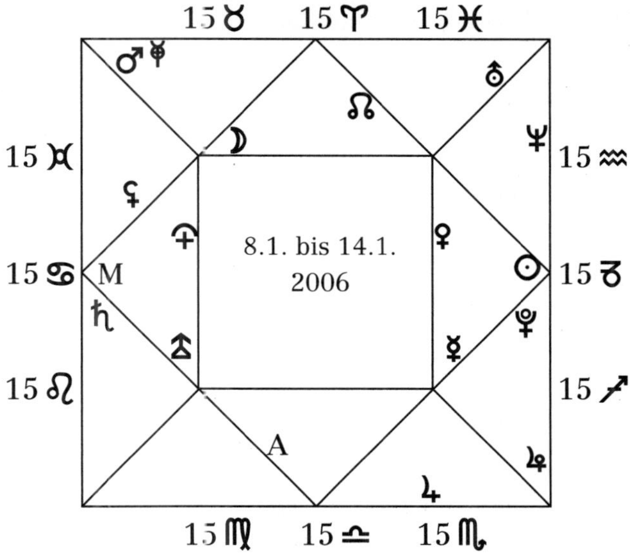

Was geschah im Januar 2006 am:

8. ______________________________

9. ______________________________

10. ______________________________

11. ______________________________

12. ______________________________

13. ______________________________

14. ______________________________

3. Woche vom 15.1. bis 21.1.2006

Astrothema (Tagesbotschaft und Geburtstagsmotto)

15. Eine Formation von Graugänsen am Himmel.
16. Zwei Menschen hantieren an Rucksäcken.
17. Dachdecker reparieren ein Kirchendach.
18. Ein Demonstrant hält eine Tafel hoch.
19. In einem grünen Zimmer werden Karten gelegt.
20. Viel Wasser, viel Wasser.
21. Es sieht aus wie eine Sanddüne.

Besonderheiten und allgemeine Tendenzen in dieser Woche

Welt: Es werden neue Vorschläge gemacht, um einen militärischen Konflikt großzügig zu lösen. Die Umsetzung dieser Vorschläge ist zurzeit möglich. Eine internationale Hilfsaktion wird vorbereitet. Schicksalhafte Beschlüsse werden von Parlamenten oder internationalen Gremien gefasst.

Deutschland: Man hört von überflüssigen Entscheidungen. Die Auflösung von politischen Zusammenschlüssen oder die Änderung von politischen Absichten wird bekannt. Gleichzeitig kommt es zu neuen Fusionen oder Interessenbündelungen, von denen man erst viel später erfährt.

Privat: In dieser Woche herrschen positive Gefühle vor. Die Zufriedenheit über die Trennung von etwas Überholtem oder einer Vorgehensweise lässt optimistisch in die Zukunft blicken.

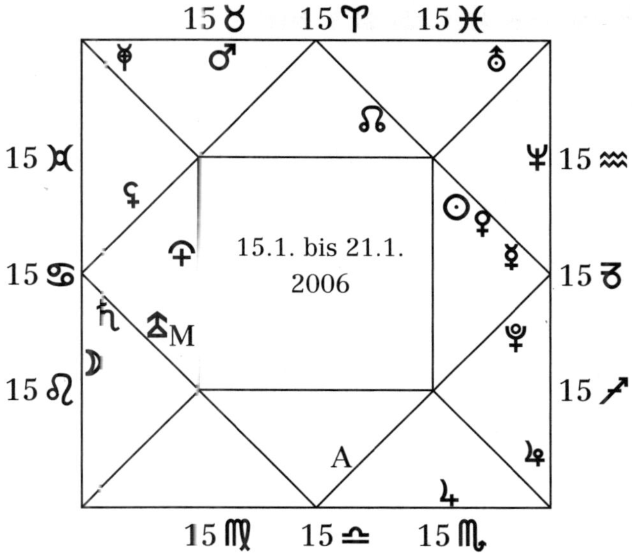

Was geschah im Januar 2006 am:

15. ____

16. ____

17. ____

18. ____

19. ____

20. ____

21. ____

4. Woche vom 22.1. bis 28.1.2006

Astrothema (Tagesbotschaft und Geburtstagsmotto)

22. Dreieckige Tafeln werden beschriftet.
23. Viel Lärm auf der Straße.
24. Am Himmel sieht man Kondensstreifen.
25. Stau an einer Ampel.
26. Jemand zählt Reiskörner.
27. Eine Uhr, die rückwärts läuft.
28. Menschen begrüßen sich in einem Hotelfoyer.

Besonderheiten und allgemeine Tendenzen in dieser Woche

Welt: Eine Zeit, in der wichtige Nachrichten für die Welt verkündet werden. Man hört von Problemen mit Flugzeugen. Es wird über eine revolutionäre Kommunikationstechnik gesprochen. Verträge werden geschlossen.

Deutschland: Man hört von wichtigen Gesprächen und Absprachen in der Wirtschaft. Hierbei geht es auch um eine Frage der Moral. Dinge reifen. Idealistisch gefärbte Meinungen stören die realistische Einschätzung eines sich abzeichnenden Mangels.

Privat: In der Familie gibt es eine Tendenz zu herausfordernden Worten. Kraftstrotzende Ankündigungen und Aussprachen in gespannter Atmosphäre sind angezeigt. Es gibt den Ansatz zu vielen neuen Möglichkeiten, die Verbesserungen für die Familie bringen werden.

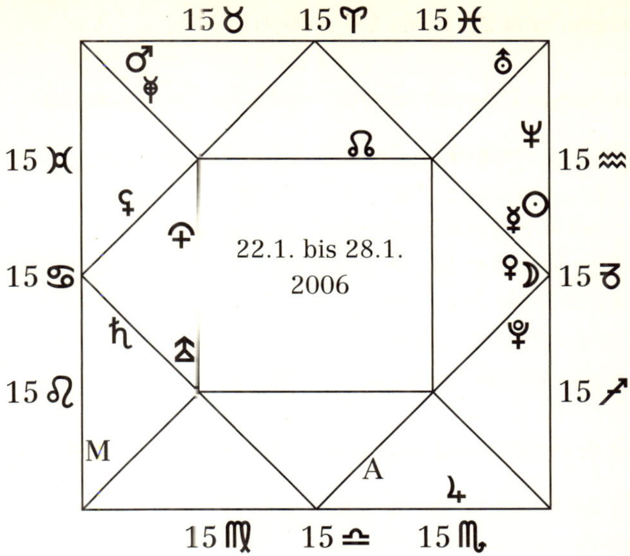

Was geschah im Januar 2006 am:

22. ____________________

23. ____________________

24. ____________________

25. ____________________

26. ____________________

27. ____________________

28. ____________________

5. Woche vom 29.1. bis 4.2.2006

Astrothema (Tagesbotschaft und Geburtstagsmotto)

29. Jemand schneidet Äpfel klein.
30. Ein verfallenes Dorf in den Bergen.
31. Merkwürdige Figuren an einer weißen Wand.
1. Eine gewellte Tapete wird mit der Hand glatt gestrichen.
2. Zwei Leute sitzen einander gegenüber. Sie lachen.
3. In ein Heft wird das Wort »Hitze« geschrieben.
4. Eine zittrige Hand wäscht Strümpfe.

Besonderheiten und allgemeine Tendenzen in dieser Woche

Welt: Eine wichtige Entscheidung wird bekannt und weltweit verbreitet. In dieser Zeit beobachtet man, dass mächtige, aber starrköpfige Politiker das Denken beeinflussen. Die Verantwortlichen sollten sich auf unerwartete Handlungen umstrittener oder radikaler Personen vorbereiten.

Deutschland: In dieser Zeit könnte eine Person den Griff nach der Macht wagen. Die Tendenz zeigt, dass dieser Versuch erfolgreich sein dürfte. Es geht um eine Entlassung und um Ideen der Erneuerung.

Privat: Zurückhaltung ist angesagt. In diesen Tagen gibt es beruflichen Sprengstoff. Die Entscheidungen werden zu impulsiv getroffen und ziehen weitere unerwartete Situationen nach sich.

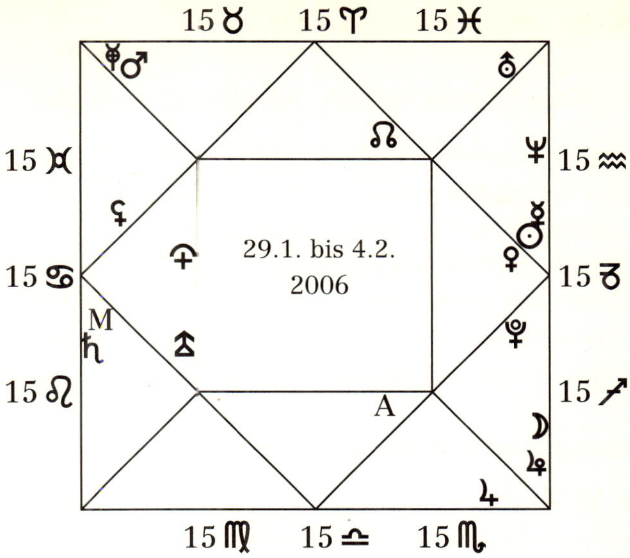

Was geschah im Januar/Februar 2006 am:

29. ____

30. ____

31. ____

1. ____

2. ____

3. ____

4. ____

6. Woche vom 5. 2. bis 11. 2. 2006

Astrothema (Tagesbotschaft und Geburtstagsmotto)

5. Eine endlose Papierrolle zerreißt.
6. Ein Karton leerer Gläser und Flaschen.
7. Zwei Frauen hängen stumm Wäsche auf.
8. Krach während einer Tagung.
9. Zwei Gewichte an Sprungfedern tanzen auf und ab.
10. Um einen Bottich sitzen Menschen und fangen Frösche.
11. Jemand fordert lautstark die Auszahlung eines Gewinns.

Besonderheiten und allgemeine Tendenzen in dieser Woche

Welt: Die Phase, in der neue Persönlichkeiten die Weltbühne betreten und andere sie überraschend verlassen, hält weiter an. Man sucht nach einer internationalen Einigung, um einen blutigen Konflikt zu beenden. Ein Ereignis, das von Menschen nicht beeinflusst werden kann, ist für diese Zeit angezeigt.

Deutschland: Ein Ereignis, das mit Beförderungsmitteln zu tun hat, dürfte in diesen Tagen bekannt werden. Es kommt zu Differenzen mit dem benachbarten Ausland. Die unerwartete Anerkennung durch ein internationales Gremium ist möglich. Es gibt öffentliche Proteste gegen die Veränderung eines Rechtsstandpunktes.

Privat: In Familien herrscht Unsicherheit vor. Verwirrungen um die Berufsausübung sind möglich. Unerwartete Veränderungen in Bezug auf private Geselligkeiten sind in dieser Zeit angezeigt.

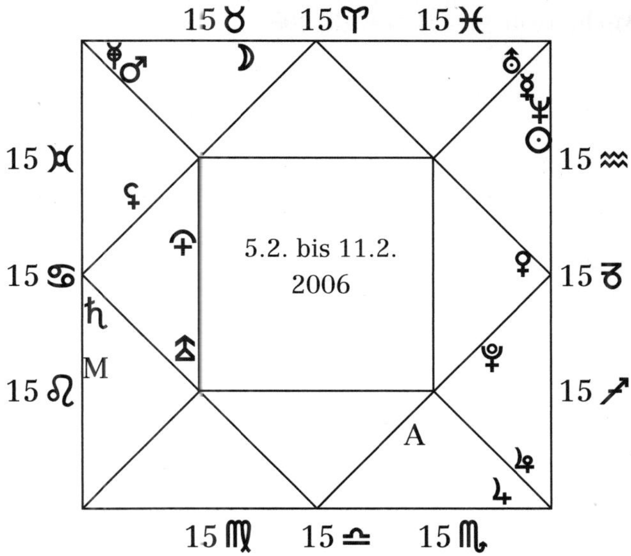

Was geschah im Februar 2006 am:

5. ____________________

6. ____________________

7. ____________________

8. ____________________

9. ____________________

10. ____________________

11. ____________________

7. Woche vom 12. 2. bis 18. 2. 2006

Astrothema (Tagesbotschaft und Geburtstagsmotto)

12. Mehrere Buben werfen kleine Schlüssel in einen Gully.
13. Eine Frau putzt ihre Brille und blinzelt.
14. Man sieht Bankauszüge, die vom Wind weggeweht werden.
15. Es ist eine Theatervorstellung – die Leute ärgern sich.
16. Eine sonnige Hügellandschaft.
17. Laute Stimmen dringen aus einem Haus.
18. Die Zahl 4362.

Besonderheiten und allgemeine Tendenzen in dieser Woche

Welt: Konferenzen machen in diesen Tagen Schlagzeilen, weil plötzlich gegen einen Staat Anschuldigungen erhoben werden. Ein Skandal, der sich um Seefahrt oder Schiffe dreht, wird für die Öffentlichkeit sichtbar. Umstrittene Aktivitäten in einem Landstrich lösen eine große Krise aus. Generell ist mit Ereignissen zu rechnen, die mit Feuer im weitesten Sinne zu tun haben.

Deutschland: Heftige Meinungsverschiedenheiten zwischen der Regierung und Interessenverbänden verhindern langfristige Projekte. Resignation herrscht vor. Die Öffentlichkeit ist irritiert, es kann zu Streiks kommen. Die Schlagworte Notlagen, Notfälle und Notverordnungen sind zu hören.

Privat: In der Familie können sich neue Vertrauensbande knüpfen lassen. Die Ausweitung der persönlichen Sphäre fällt leicht. Im Beruf ist eine Zeit der zermürbenden und zersetzenden Entscheidungen vorüber.

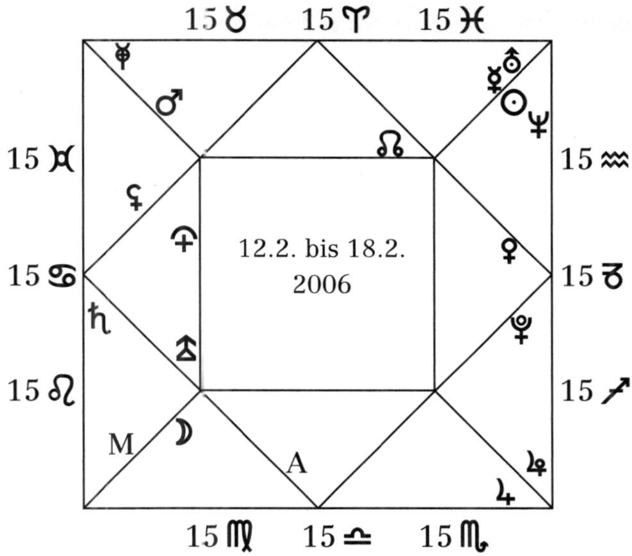

Was geschah im Februar 2006 am:

12. ______________________________

13. ______________________________

14. ______________________________

15. ______________________________

16. ______________________________

17. ______________________________

18. ______________________________

8. Woche vom 19. 2. bis 25. 2. 2006

Astrothema (Tagesbotschaft und Geburtstagsmotto)

19. Jemand kratzt Kaugummi von der Straße ab.
20. Man sieht eine Herde ängstlicher Ziegen.
21. Jemand geht in einem Hotel in das Zimmer 653.
22. Unterschriften unter einem Vertrag.
23. Man sieht, wie jemand Geldbündel verpackt.
24. Weiße Bettwäsche wird in Containern gestapelt.
25. Eine Schnur oder ein Faden, den man um eine Rolle wickelt.

Besonderheiten und allgemeine Tendenzen in dieser Woche

Welt: Hinter verschlossenen Türen wird hitzig über ein Kontrollsystem diskutiert, das nicht funktioniert oder funktioniert hat. Für die Öffentlichkeit stellt sich die Situation unklar dar. Unsicherheit macht sich breit, weil der Fall mit neuen Gesetzen oder biotechnologischen Verfahren zusammenhängt.

Deutschland: Probleme werden großzügig und im großen Rahmen angepackt. Es ist eine Zeit der starken Führung. Eine Falschinformation irritiert die Öffentlichkeit. Ärger mit Nachbarstaaten ist weiterhin angezeigt.

Privat: Zwischen den Partnern in der Familie beginnt eine Phase der Gereiztheit. Schicksalhafte Entscheidungen werden in erster Linie von den männlichen Familienmitgliedern getroffen.

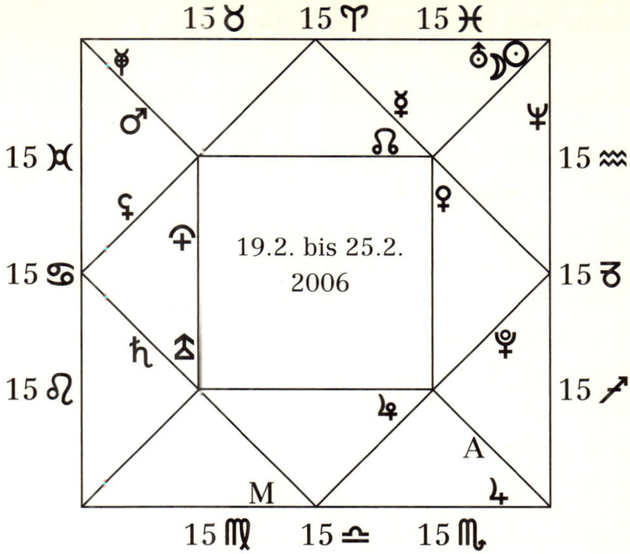

Was geschah im Februar 2006 am:

19. ______________________________

20. ______________________________

21. ______________________________

22. ______________________________

23. ______________________________

24. ______________________________

25. ______________________________

9. Woche vom 26. 2. bis 4. 3. 2006

Astrothema (Tagesbotschaft und Geburtstagsmotto)

26. Geklapper von Geschirr.
27. Hitzige Debatte unter Verkehrsteilnehmern.
28. Ein alter Mann mäht mit einer Sense Mohnblumen.
1. Man erkennt einen Trampelpfad mitten im Wald.
2. Szene auf einem Flughafen.
3. Ein Aktenordner voll mit Briefmarken.
4. Der Geruch von Dieselöl liegt in der Luft.

Besonderheiten und allgemeine Tendenzen in dieser Woche

Welt: Man erfährt von Vorschlägen oder Versuchen, Macht neu zu verteilen, zu ändern oder sogar selbst zu ergreifen. Hilfeleistungen werden gegen Anerkennung der Machtansprüche gewährt.

Deutschland: Es gibt plötzlich Bewegung im politischen Geschehen des Landes, die durch radikale oder umstrittene Thesen ausgelöst wird. Man hört von der fragwürdigen Unterstützung einer Meinung und von Streitereien um Finanzierungen.

Privat: Viele Vorhaben und Pläne sind in diesen Tagen unsicher und bleiben auch weiterhin unklar. Wer viel erwartet, wird enttäuscht. Umstände, die von außen in die Familie getragen werden, verwirren und führen zu Streitereien.

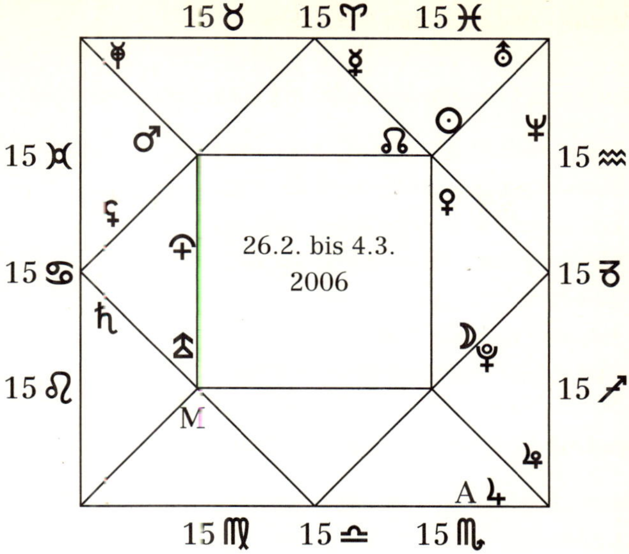

Was geschah im Februar/März 2006 am:

26. ______________________________

27. ______________________________

28. ______________________________

1. ______________________________

2. ______________________________

3. ______________________________

4. ______________________________

10. Woche vom 5. 3. bis 11. 3. 2006

Astrothema (Tagesbotschaft und Geburtstagsmotto)

5. Ein vornehmer Diener poliert Gläser.
6. Holzstäbchen schwimmen im Wasser.
7. Ein Autofahrer sucht eine Parklücke.
8. Merkwürdige Feier von Bauarbeitern.
9. Bewölkter Himmel.
10. Jemand zerreißt Notizzettel.
11. Aus einem Büro werden die Sessel entfernt.

Besonderheiten und allgemeine Tendenzen in dieser Woche

Welt: In dieser Zeit hört man von Ereignissen in der Ferne, die zu einem Skandal im eigenen Land führen können. In einer kritischen Situation sind Entscheidungen kaum möglich und können Streiks auslösen. Eine unruhige Zeit für Politiker und Organisationen.

Deutschland: Die Dinge beginnen zu reifen. Deprimierende Nachrichten machen Schlagzeilen. In dieser Zeit ist mit Einschränkungen oder dem Entzug von Rechten zu rechnen. Ein Transportproblem könnte sichtbar werden und die Dinge auf den Kopf stellen.

Privat: Heftige Wortwechsel in der Familie sind möglich, klingen aber wieder ab. Das Berufsleben wird zur Routine. Familiäre oder partnerschaftliche Fragen stehen im Mittelpunkt. Mächtige oder starrköpfige Personen ziehen sich in dieser Zeit eher zurück. Eine Schuldfrage oder eine Verpflichtung bleibt weiterhin unklar.

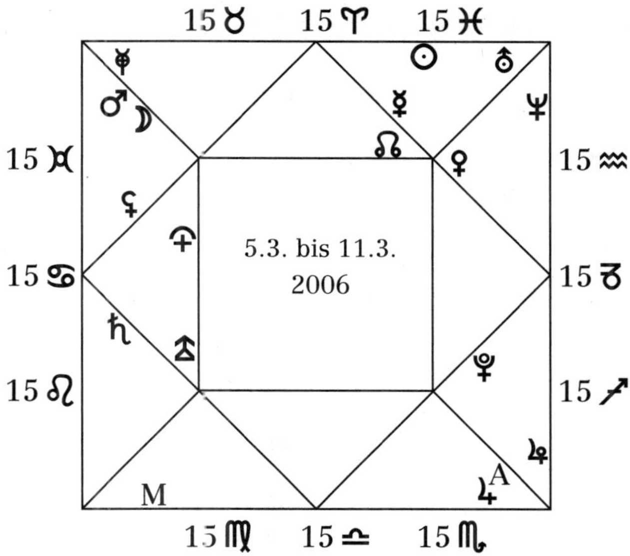

Was geschah im März 2006 am:

5. ______________________________

6. ______________________________

7. ______________________________

8. ______________________________

9. ______________________________

10. ______________________________

11. ______________________________

11. Woche vom 12. 3. bis 18. 3. 2006

Astrothema (Tagesbotschaft und Geburtstagsmotto)

12. Gesang und Musik in einer Scheune.
13. Jemand wiegt einen Brief.
14. Man sieht aufgeregte Menschen vor einem Haus.
15. Ein Arbeiter in einem blauen Overall.
16. Tiere in einem Pferch.
17. Jemand reinigt ein Ortsschild.
18. Geräusche wie zerbrechendes Glas.

Besonderheiten und allgemeine Tendenzen in dieser Woche

Welt: Man hört von Streit oder Protesten gegen eine impulsive Person in der Politik. Ereignisse können sich überstürzen. Auf internationalen Konferenzen werden keine Einigungen erzielt. Eine politische Krise zieht herauf. Die Eskalation militärischer Unternehmungen ist in den nächsten Wochen möglich.

Deutschland: Öffentliche Personen wechseln plötzlich ihre Meinung. Das Thema Moral, Recht und Ordnung wird missbraucht, um von einer unangenehmen Situation abzulenken.

Privat: Die Zeit ist günstig für finanzielle Entscheidungen und für Geldangelegenheiten im weitesten Sinne. Berufliche Veränderungen bringen mehr Vorteile als Nachteile. Vor allem jüngere Menschen neigen zu Prahlereien.

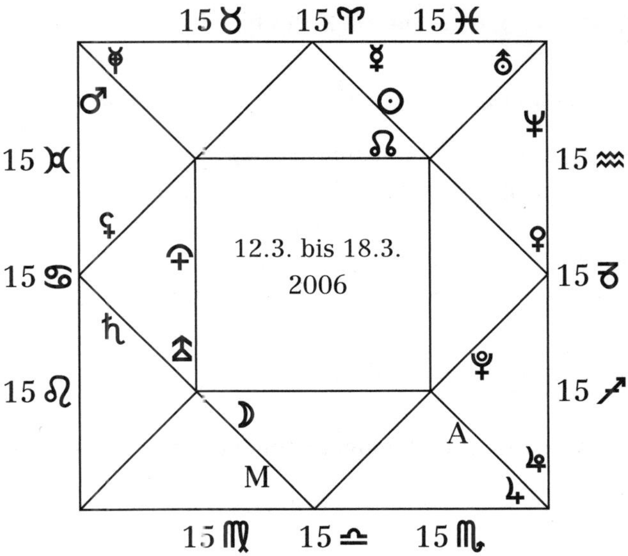

Was geschah im März 2006 am:

12. ______________________________

13. ______________________________

14. ______________________________

15. ______________________________

16. ______________________________

17. ______________________________

18. ______________________________

12. Woche vom 19. 3. bis 25. 3. 2006

Astrothema (Tagesbotschaft und Geburtstagsmotto)

19. Heftige Debatte an einem Konferenztisch.
20. Fliehende Tiere in einem Gehege.
21. Man sieht einen Steinblock.
22. Ein Weg gabelt sich.
23. Jemand versucht zu enge Schuhe anzuziehen.
24. Ein Kleidergeschäft wird ausgeräumt.
25. Eine Rosenhecke im Sonnenschein.

Besonderheiten und allgemeine Tendenzen in dieser Woche

Welt: Eine Angelegenheit, die mit Rauch, Dampf oder Wasser im weitesten Sinne zu tun hat, führt zu einer weltpolitischen Krise. Dieses Phänomen zieht sich über einige Wochen hin. Zwei Persönlichkeiten aus der Politik geraten aneinander. Es ist eine Zeit der Konflikte.

Deutschland: Im Bereich der Wirtschaft kommt es zu einem Zusammenbruch oder zu einer Auseinandersetzung um Rechte. Der Staat hält seine Zusagen nicht ein. Eine Reise zeigt hingegen Anzeichen für einen unerwarteten Erfolg oder einen Durchbruch.

Privat: Eine gute Zeit, um im Beruf und in der Familie neue Unternehmungen zu planen. Zwischen den Geschlechtern gibt es freundliche Tendenzen. Ein neuer Plan wird entwickelt.

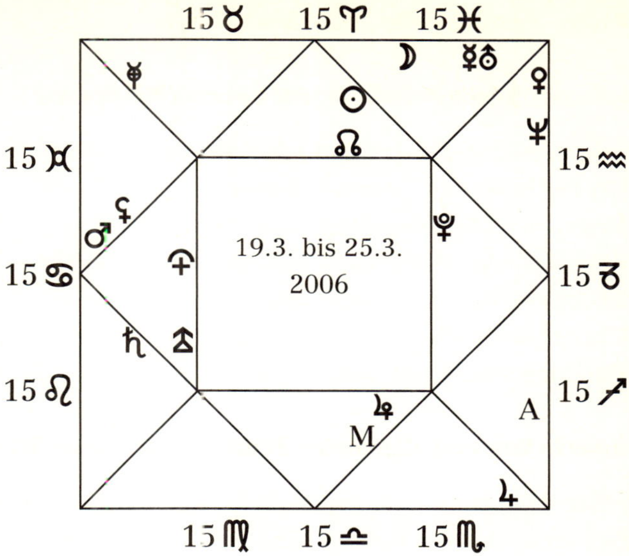

Was geschah im März 2006 am:

19. ____________________

20. ____________________

21. ____________________

22. ____________________

23. ____________________

24. ____________________

25. ____________________

13. Woche vom 26. 3. bis 1. 4. 2006

Astrothema (Tagesbotschaft und Geburtstagsmotto)

26. Mehrere Zaunpfähle sind herausgerissen.
27. Ein Fisch mit zwei Schwanzflossen.
28. Touristen stehen vor einem alten Stadttor.
29. Man hört eine Stimme den Lauf der Welt erklären.
30. Ein Leinenbeutel mit Kleingeld.
31. Kindergeschrei auf einem Schulhof.

1. Ein Pferd bäumt sich auf.

Besonderheiten und allgemeine Tendenzen in dieser Woche

Welt: Man hört von einem ungewöhnlichen Projekt, über das die Welt staunen wird. Gefahren für Politiker gehen von Einzelpersonen aus. Eine plötzliche Bedrohung wird sichtbar. Weiterhin werden Phänomene diskutiert, die mit Wasser zu tun haben, oder Probleme, die durch Wasser entstehen.

Deutschland: Die Verwirrung um einige Entscheidungen trägt dazu bei, dass die Öffentlichkeit falsch reagiert. Man starrt gebannt auf den Stillstand und ist sprachlos angesichts der Dreistigkeit von Politikern.

Privat: Überraschungen stehen ins Haus, wenn es bisher Unsicherheiten im Beruf gegeben hat. Die weiblichen Familienmitglieder erwarten Turbulenzen. Es ist keine gute Zeit für die Äußerung neuer Meinungen.

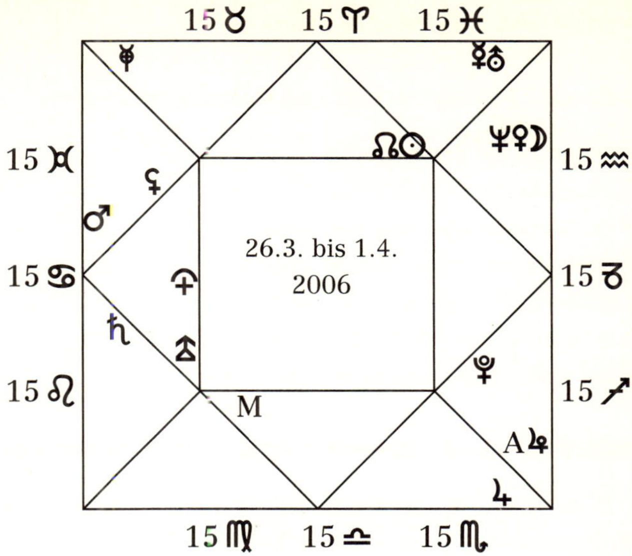

Was geschah im März/April 2006 am:

26. ______________________________

27. ______________________________

28. ______________________________

29. ______________________________

30. ______________________________

31. ______________________________

1. ______________________________

14. Woche vom 2. 4. bis 8. 4. 2006

Astrothema (Tagesbotschaft und Geburtstagsmotto)

2. Baugerüst an einer Kirche.
3. Jemand schöpft Wasser.
4. Ein Straßenmaler sammelt Geld.
5. Auf blaue Briefe werden Briefmarken geklebt.
6. Lichteffekte nachts auf einem Fluss.
7. Ein Anstreicher entfernt Farbe vom Boden.
8. Man sieht in der Ferne Berge.

Besonderheiten und allgemeine Tendenzen in dieser Woche

Welt: Man resigniert vor den Entwicklungen. Es ist eine Zeit des Aufräumens. Eine plötzliche Neuordnung der Machtverhältnisse und eine damit verbundene Veränderung des Einflusses der Mächtigen auf die internationale Meinung sind angezeigt. Es besteht Gefahr für die staatlichen Repräsentanten.

Deutschland: Man hört von umstrittenen Handlungen in der Vergangenheit und von Rechtsstreitigkeiten, die zu emotionalen Reaktionen in der Bevölkerung führen. Ein Handelspakt oder ein Hilfsversprechen wird annulliert oder scheitert wegen umstrittener Äußerungen. Chaotische Zustände erzwingen den Einsatz von Ordnungskräften.

Privat: In der Familie wird viel darüber gesprochen, wie die Situation verändert werden könnte. Hindernisse im Beruf führen zu Verunsicherung. In dieser Zeit werden Geheimnisse aufgebaut und gepflegt. Es sind ungünstige Voraussetzungen für neue Projekte.

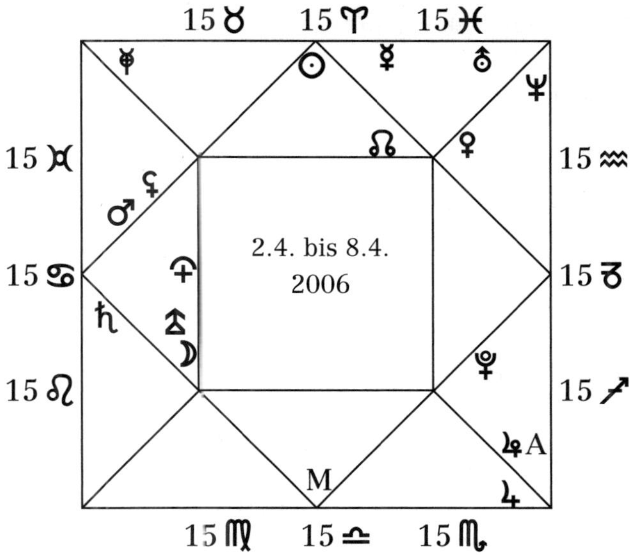

Was geschah im April 2006 am:

2. __________

3. __________

4. __________

5. __________

6. __________

7. __________

8. __________

15. Woche vom 9. 4. bis 15. 4. 2006

Astrothema (Tagesbotschaft und Geburtstagsmotto)

9. Konfetti wird geworfen.
10. Festliche Stimmung in einer Halle.
11. Ein gebeugt gehender Mann schleppt Holz.
12. Man hört den Lärm von Lokomotiven.
13. Ein schrilles, metallisches Geräusch.
14. Ein Weinberg voller Aprikosenbäume.
15. Jemand wirft Möbel aus dem Fenster.

Besonderheiten und allgemeine Tendenzen in dieser Woche

Welt: Fortschritte werden erzielt durch rasches Denken und durch die Zustimmung zu ungewöhnlichen Ideen. Eine Zeit, in der man die Dinge anders anpackt. Ein Zwischenfall stört die internationale Ordnung und führt zu geheimen Vereinbarungen.

Deutschland: Die Situation bleibt in vieler Hinsicht weiterhin unsicher und unklar. Eine öffentliche Person verlässt die politische Bühne. Kaum sind Probleme gelöst, tauchen schon die nächsten auf. Man hört vom Zusammenbruch eines großen Wirtschaftsimperiums und von dadurch verursachten Finanzproblemen.

Privat: Rechtsstreitigkeiten sind möglich, sollten aber in diesen Wochen möglichst umgangen werden. Gespräche werden in der Familie eher vermieden. Man geht sich aus dem Weg. In dieser Zeit sollte man nichts Neues beginnen.

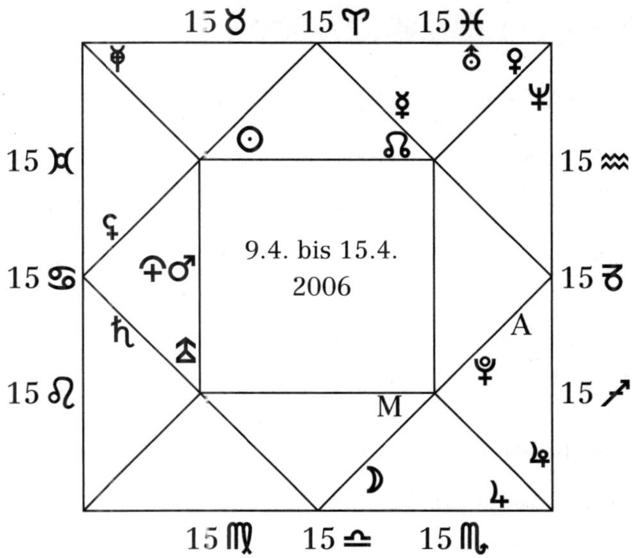

Was geschah im April 2006 am:

9. ______________________________

10. ______________________________

11. ______________________________

12. ______________________________

13. ______________________________

14. ______________________________

15. ______________________________

16. Woche vom 16. 4. bis 22. 4. 2006

Astrothema (Tagesbotschaft und Geburtstagsmotto)

16. Stau auf einer Autobahn, der sich auflöst.
17. Schlechtes Wetter in den Bergen.
18. Die Buchstaben K, L und G.
19. Eine umgestürzte Drehorgel.
20. Menschen reißen Seiten aus einem Buch.
21. Rauchfahne über brennenden Autoreifen.
22. Jemand kratzt Mörtel aus einer Mauer.

Besonderheiten und allgemeine Tendenzen in dieser Woche

Welt: Organisationen geraten durch Probleme ins Zentrum der Aufmerksamkeit. Eine Zeit der mutigen Initiativen oder Vorschläge, um mit der Vergangenheit zu brechen. Man hört von Politikern, die durch ihren starken Willen dominieren. Ein neuer Führer wird gewählt oder ernannt.

Deutschland: Es herrscht ein Klima der kontroversen Ansichten. Viele Entscheidungen werden verschoben. Ärger »der Straße« ist angezeigt, d. h. Proteste und Demonstrationen. Der Bereich Gesundheit könnte in ein großes Durcheinander geraten.

Privat: Der Spaß steht derzeit im Vordergrund. Man lacht über die Schwierigkeiten. Dinge enden unerwartet oder erledigen sich von selbst.

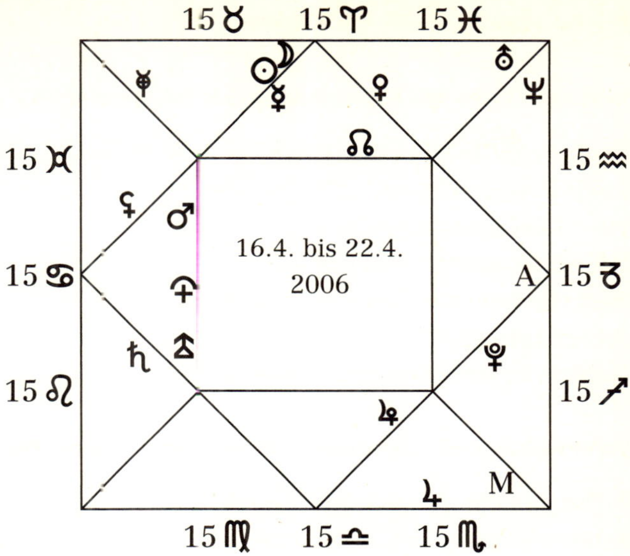

Was geschah im April 2006 am:

16. ______________________________

17. ______________________________

18. ______________________________

19. ______________________________

20. ______________________________

21. ______________________________

22. ______________________________

17. Woche vom 23. 4. bis 29. 4. 2006

Astrothema (Tagesbotschaft und Geburtstagsmotto)

23. Die Lösung eines Rätsels ergibt die Zahl siebzehn.
24. Leere Flaschen liegen auf einer Wiese.
25. Eine Felsformation im Dunst.
26. Ein Reiter springt vom Pferd.
27. Man erkennt eine Fahne auf Halbmast.
28. Jemand zählt Brotstangen ab.
29. Mehrere Frauen verteilen Handschuhe.

Besonderheiten und allgemeine Tendenzen in dieser Woche

Welt: Die Staatengemeinschaft ist durch die fragwürdige Unterstützung einer Angelegenheit irritiert. Ein Beschluss kommt zustande, an den sich keine Partei halten wird. Man erfährt von Militäreinsätzen oder einer Maßnahme, die mit der Anwendung von Staatsgewalt zu tun hat. Gegenüber den Völkern wird Härte gezeigt.

Deutschland: Man spricht von einem Mangel. Dies hat jedoch nichts mit der wirtschaftlichen Situation zu tun. Skandale erschüttern die Glaubwürdigkeit von Wirtschaftsführern. Eine Kooperation mit dem Ausland wird plötzlich beendet.

Privat: In dieser Zeit macht sich Hektik am Arbeitsplatz breit. Ansonsten ist es eine gute Phase für den Neubeginn von gemeinsamen Unternehmungen im privaten Bereich. Sachen und Verträge bzw. schriftliche Vereinbarungen werden verlegt oder verloren. Dadurch entstehen Verluste.

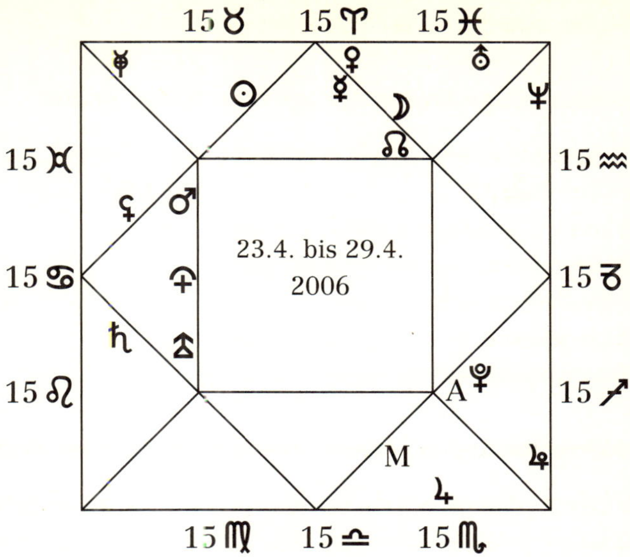

Was geschah im April 2006 am:

23. ______________________________

24. ______________________________

25. ______________________________

26. ______________________________

27. ______________________________

28. ______________________________

29. ______________________________

18. Woche vom 30. 4. bis 6. 5. 2006

Astrothema (Tagesbotschaft und Geburtstagsmotto)

30. Prächtige Urkunde mit einem roten Siegel.
1. Dürre Äste.
2. Es riecht nach Schwefel und Rauch.
3. Erbsen in einem geflochtenen Korb.
4. Eine Person stapelt Autoreifen.
5. Eine Stimme verkündet das Wetter.
6. Weißes Dach im Morgennebel.

Besonderheiten und allgemeine Tendenzen in dieser Woche

Welt: Es gibt schwierige Verhandlungen, die mit einer Person der internationalen Politik zu tun haben. Man erfährt von Spionen oder Dieben und von Verstrickungen scheinbar loyaler Anhänger in Machenschaften, die zum Sturz einer Regierung beitragen sollen. Unerwartete Handlungen umstrittener oder radikaler Personen sind möglich.

Deutschland: Die Hintergründe einer Maßnahme gegen das Volk werden bekannt, was zu großen Turbulenzen führt. Hartnäckiges Leugnen erzeugt eine angespannte Atmosphäre. Streiks wegen umstrittener Handlungen sind möglich.

Privat: Neue Ideen zur Gestaltung des Privatlebens werden gefunden. Die Zeit ist günstig für Freundschaft und Partnerschaft. Im Beruf wird es dafür unruhig.

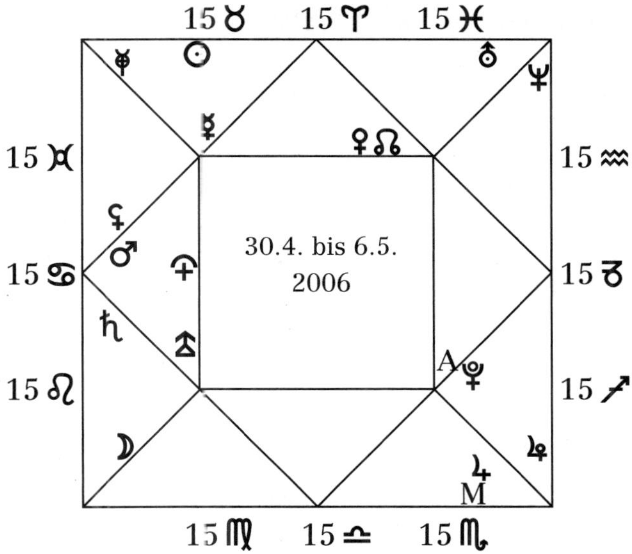

Was geschah im April/Mai 2006 am:

30. ________________________________

1. ________________________________

2. ________________________________

3. ________________________________

4. ________________________________

5. ________________________________

6. ________________________________

19. Woche vom 7. 5. bis 13. 5. 2006

Astrothema (Tagesbotschaft und Geburtstagsmotto)

7. Ein Baum wird gepflanzt.
8. Man hört den Lärm von Baumaschinen.
9. Ein Büroschrank mit weißen Ordnern.
10. Eine Straßenbahnhaltestelle der Linie sechzehn.
11. Gelbe Vorhänge werden gewaschen.
12. An einer langen Tafel isst man Erdbeeren.
13. Ein Brief mit zwei Briefmarken.

Besonderheiten und allgemeine Tendenzen in dieser Woche

Welt: Eine Zeit der geheimen Aktivitäten von Spionen oder zu mitteilsamen Beamten. Zwei Regierungen geraten in Streit wegen einer Veröffentlichung. Gelder werden verschoben.

Deutschland: Die Gelegenheit ist günstig für Verhandlungen und Lösungsvorschläge bei Fragen, die im weitesten Sinne mit Nahrungsmitteln und Wasser zu tun haben. Die Entscheidung eines Nachbarstaats bringt die deutschen Politiker in Bedrängnis.

Privat: In dieser Woche kann es zu Verlusten durch Diebe kommen. Plötzliche Veränderungen am Arbeitsplatz machen unsicher und streitlustig. Unerwartete Angriffe aus den Reihen der Kollegen sind möglich.

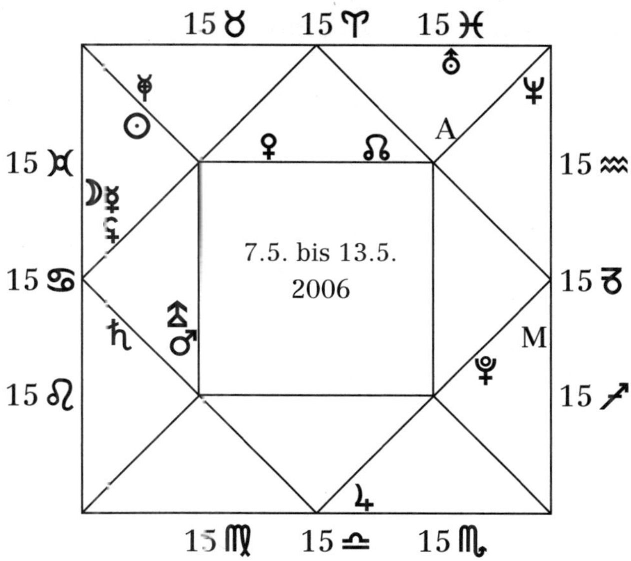

Was geschah im Mai 2006 am:

7. ______________________________

8. ______________________________

9. ______________________________

10. ______________________________

11. ______________________________

12. ______________________________

13. ______________________________

20. Woche vom 14. 5. bis 20. 5. 2006

Astrothema (Tagesbotschaft und Geburtstagsmotto)

14. Maler streichen eine Trennwand an.
15. Kuchen wird mit zu viel Salz gebacken.
16. Husten, starker Husten.
17. Männer tragen Ledersessel in ein Büro.
18. Jemand zählt Tannennadeln.
19. Schwere Gewitter in den Bergen.
20. Kondensstreifen am Himmel bilden ein X.

Besonderheiten und allgemeine Tendenzen in dieser Woche

Welt: Eine Zeit der Besserwisserei, in der versucht wird, die eigene Meinung durchzusetzen. Die Gewalt auf der Straße nimmt zu. Aufsehen erregende Naturereignisse beginnen. Die Vorzeichen sollte man ernst nehmen. Frauen haben in der Politik nun gute Chancen.

Deutschland: Radikale Äußerungen bereiten der Regierung Probleme. Mitglieder der Regierung oder Mitarbeiter der Ministerien werden nur zögerlich ausgetauscht. Ausgaben geraten außer Kontrolle.

Privat: Man lässt sich in dieser Zeit nichts sagen und schaltet auf stur. Das könnte kritisch werden für jähzornige Menschen. Eine Steigerung des Selbstbewusstseins ist angezeigt.

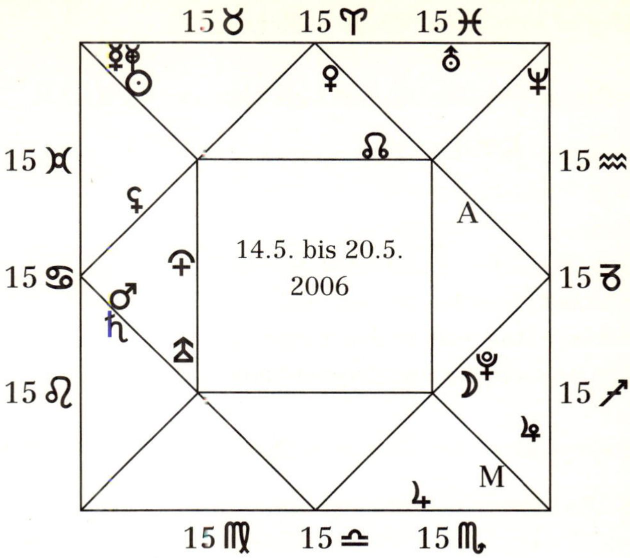

Was geschah im Mai 2006 am:

14. ______________________________

15. ______________________________

16. ______________________________

17. ______________________________

18. ______________________________

19. ______________________________

20. ______________________________

21. Woche vom 21. 5. bis 27. 5. 2006

Astrothema (Tagesbotschaft und Geburtstagsmotto)

21. Jemand zahlt Geld aus.
22. Ein Apfelbaum voller Früchte.
23. Schafe blöken in der Ferne.
24. Ein Anruf mit einer mysteriösen Botschaft.
25. Ein Stapel Kaminholz ist umgefallen.
26. Heftige Diskussion um einen Kürbis.
27. Jemand versucht eine Tür zu öffnen.

Besonderheiten und allgemeine Tendenzen in dieser Woche

Welt: Die nationalen Ansprüche von großen Staaten werden mit leidenschaftlicher Begeisterung vertreten. Heftige Angriffe auf Sympathisanten der Gegenparteien. Frauen können die Macht an sich reißen.

Deutschland: Vermittlungsbemühungen scheitern. Geheime Aktivitäten werden bekannt und beeinflussen die Stimmung im Volk. Es beginnt eine Diskussion um die Frage, wer für das Scheitern einer Auslandsmission verantwortlich ist.

Privat: Es kann zu Verzögerung und Verlusten kommen, weil Absprachen nicht eingehalten werden. In dieser Zeit sollte man nichts Neues beginnen und keine unnötigen Verpflichtungen eingehen.

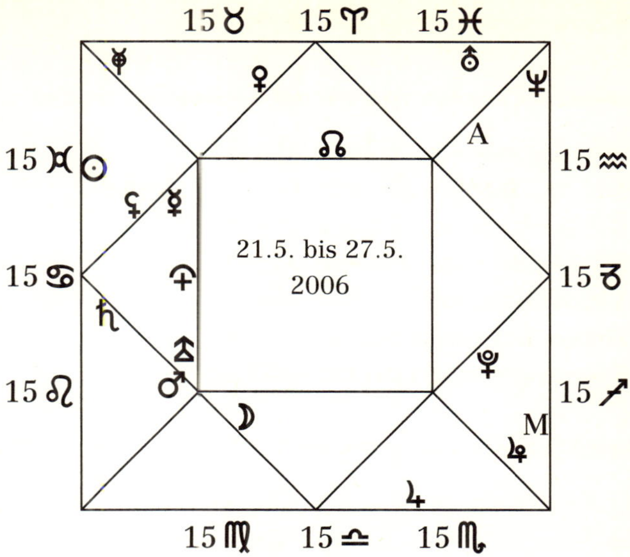

Was geschah im Mai 2006 am:

21. ______________________________

22. ______________________________

23. ______________________________

24. ______________________________

25. ______________________________

26. ______________________________

27. ______________________________

22. Woche vom 28. 5. bis 3. 6. 2006

Astrothema (Tagesbotschaft und Geburtstagsmotto)

28. Ein Kind stochert im Essen herum.
29. Segelboote auf einem grauen See.
30. Die Telefonnummer 32 16 51.
31. Ein Fenster wird vernagelt.
1. Kopfschütteln über ein Gemälde.
2. Reisende mit zu viel Gepäck.
3. Ein riesiger Kessel mit Eintopf.

Besonderheiten und allgemeine Tendenzen in dieser Woche

Welt: Neue Strategien werden abgesprochen. Man muss einem Staat zu Hilfe kommen. Auf Konferenzen verbreiten sich merkwürdige Gerüchte. Finanzielle Betrügereien im großen Stil schrecken die Anleger davon ab, ihr Geld im Ausland zu investieren.

Deutschland: Ein Problem, das mit einer Krankheit zu tun hat, wird in diesen Tagen offenkundig. Die Diskussionen scheinen sich auf falsche oder ungenaue Fakten zu stützen. Man hört vom Abbruch einer sinnlosen Maßnahme. Schwierigkeiten im Zusammenhang mit Energie werden sichtbar.

Privat: Eine günstige Zeit für Unternehmungslustige. Es kann zu kleineren Konflikten in der Familie kommen, an denen jüngere Familienmitglieder beteiligt sind. Veränderungen oder sogar Ortswechsel sind möglich.

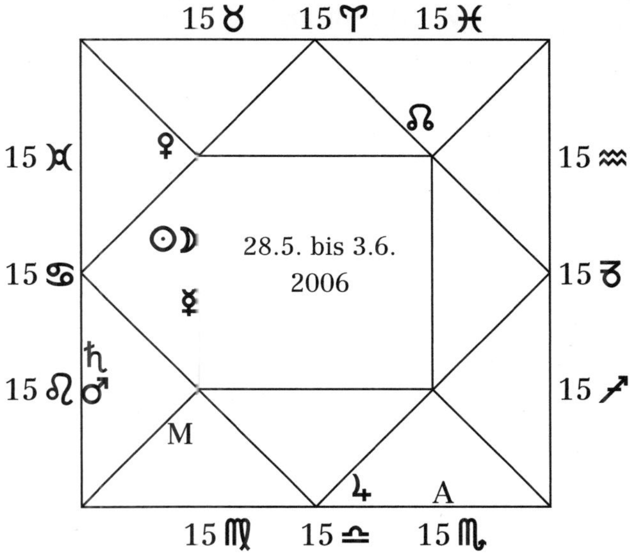

Was geschah im Mai/Juni 2006 am:

28. ______________________________

29. ______________________________

30. ______________________________

31. ______________________________

1. ______________________________

2. ______________________________

3. ______________________________

23. Woche vom 4. 6. bis 10. 6. 2006

Astrothema (Tagesbotschaft und Geburtstagsmotto)

4. Eine Frau schneidet Rosen.
5. Merkwürdige Kreise auf einem Geldschein.
6. Zeitungspapier wird verbrannt.
7. Ein Luftballon, der wie ein Mond aussieht.
8. Aufgeregte Menschen laufen durch die Straßen.
9. Fernsehübertragung einer Feier mit Pferden.
10. Verstreute Perlen im Sand.

Besonderheiten und allgemeine Tendenzen in dieser Woche

Welt: Eine Zeit der Geheimdiplomatie und der geheimen Versuche oder Tests. Man erkennt in dieser Zeit die Hintergründe, kann aber die Tatsachen nicht fassen. Behinderungen durch einseitige Konferenzthemen sind möglich. Ein Rückgang der Produktion zeichnet sich ab. Es kommt zu Verzögerungen. Die Entwicklung auf dem Kapitalmarkt ist ungünstig.

Deutschland: Man plant den Aufbruch durch Abbruch und macht Schlagzeilen durch überraschende Vorstöße, eventuell auch durch Verstöße. Eine schwierige Zeit für Recht und Ordnung. Das Agrarwesen gerät in eine Krise.

Privat: Die private Situation ist unsicher und unklar. Eine Zeit der privaten Enttäuschungen und Verzögerungen. Es wird schwieriger, den eigenen Willen durchzusetzen, was daher vermieden werden sollte.

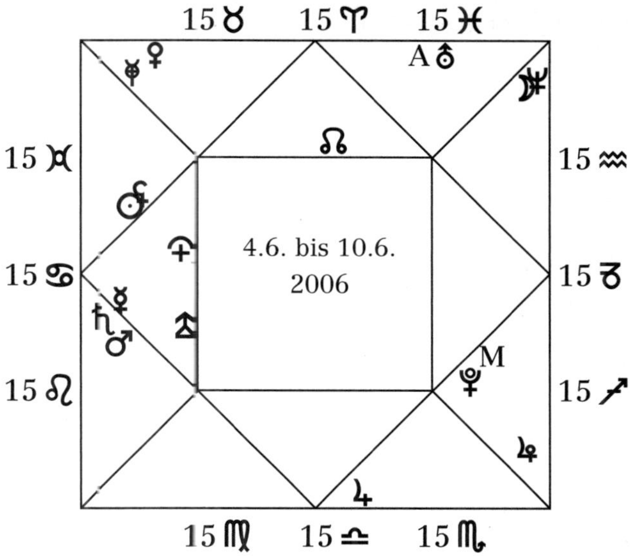

Was geschah im Juni 2006 am:

4. ______________________________

5. ______________________________

6. ______________________________

7. ______________________________

8. ______________________________

9. ______________________________

10. ______________________________

24. Woche vom 11. 6. bis 17. 6. 2006

Astrothema (Tagesbotschaft und Geburtstagsmotto)

11. Schüler lesen den Buchstaben A.
12. Hinter einer Papierwand hört man laute Stimmen.
13. Neue Verträge werden verteilt.
14. Ein Rebstock, halb grün, halb vertrocknet.
15. Menschen sehen bei Bauarbeiten zu.
16. Schmetterlinge flattern über einem Blumenbeet.
17. Eine riesige Welle.

Besonderheiten und allgemeine Tendenzen in dieser Woche

Welt: Veränderungen in der Ausbeutung von Bodenschätzen beeinflussen die Zukunftsaussichten. Es gibt Streit um eine Beschränkung, der nicht beigelegt werden kann. Eine diplomatische Aktion gerät zum Fiasko. Staaten verändern ihre Haltung zu internationalen Angelegenheiten.

Deutschland: Eine Zwangslage im Verkehr sorgt für heftige Verunsicherung. Hohe Beamte zeigen sich nervös wegen einer Veränderung. Doch kritische Töne verhindern schließlich diesen Wandel.

Privat: Vorsicht vor Verlusten in dieser Woche.

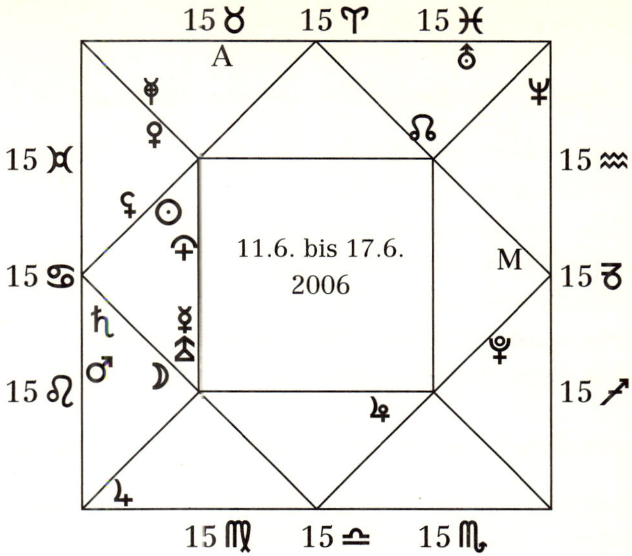

Was geschah im Juni 2006 am:

11. ______________________________

12. ______________________________

13. ______________________________

14. ______________________________

15. ______________________________

16. ______________________________

17. ______________________________

25. Woche vom 18. 6. bis 24. 6. 2006

Astrothema (Tagesbotschaft und Geburtstagsmotto)

18. Feuerschein vor einer Berghütte.
19. Jemand teilt einen Kuchen auf.
20. Silberne Drähte werden geflochten.
21. Wildgänse am Himmel.
22. Männer fällen eine Eiche.
23. Das Geräusch einer zersplitternden Flasche.
24. Auf einem Zettel steht das Wort REDAM.

Besonderheiten und allgemeine Tendenzen in dieser Woche

Welt: Die Situation ist unklar und erscheint unsicher. Ein Großereignis löst Aktivitäten ungeahnten Ausmaßes aus. Politiker haben Probleme, einander zu verstehen.

Deutschland: In diesen Tagen hört man merkwürdige Nachrichten. Geheime Vereinbarungen werden publik und sorgen für Aufregung. Veränderungen durch neue Köpfe in der Politik sind angezeigt.

Privat: Entscheidungen der letzten Monate stehen nun auf dem Prüfstand. Es ist der Beginn einer Phase, in der mehr und mehr Zuversicht dominiert und sich neue Wege öffnen.

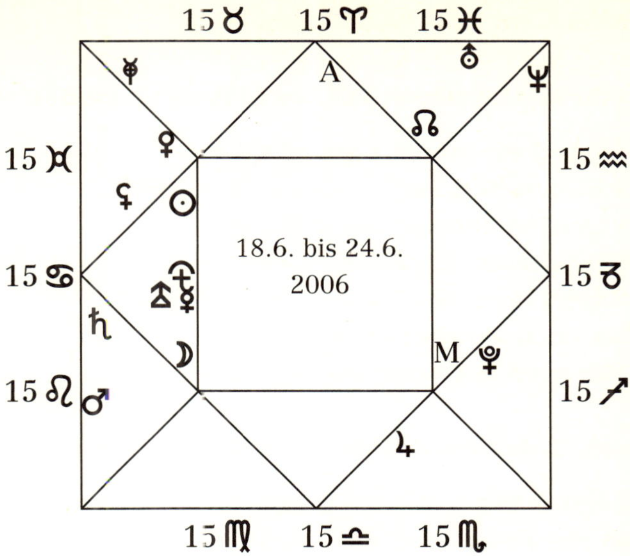

Was geschah im Juni 2006 am:

18. ______________________________

19. ______________________________

20. ______________________________

21. ______________________________

22. ______________________________

23. ______________________________

24. ______________________________

26. Woche vom 25. 6. bis 1. 7. 2006

Astrothema (Tagesbotschaft und Geburtstagsmotto)

25. Grelles Licht kommt aus dem Westen.
26. Büroszene, ein Fax kommt an.
27. Kisten mit Akten werden verladen.
28. Ein Künstler enthüllt eine Statue.
29. Ärgerlicher Protest wegen Lärmbelästigung.
30. Ein Mann mit einem Zylinder redet über Geld.
1. Man pocht auf sein Recht.

Besonderheiten und allgemeine Tendenzen in dieser Woche

Welt: Man erfährt von einer Entlassung oder einem Rücktritt wegen gesundheitlicher Probleme. Eine neue Methode der Koordinierung von internationalen Anliegen wird bekannt. Ein technisches Problem, das mit Luft oder Luftfahrt zu tun hat, nimmt globale Ausmaße an.

Deutschland: Eine Zeit der Klärung, des Aufräumens und der Beilegung von Meinungsverschiedenheiten. Ein Treffen wird abgehalten oder der Termin für ein Treffen angekündigt. Dies ist sehr bedeutsam für die Zukunft.

Privat: Mögliche Spannungen lösen sich in dieser Zeit. Bei Diskussionen über berufliche Veränderungen wird mehr Nachsicht gezeigt. Großzügigkeit herrscht vor.

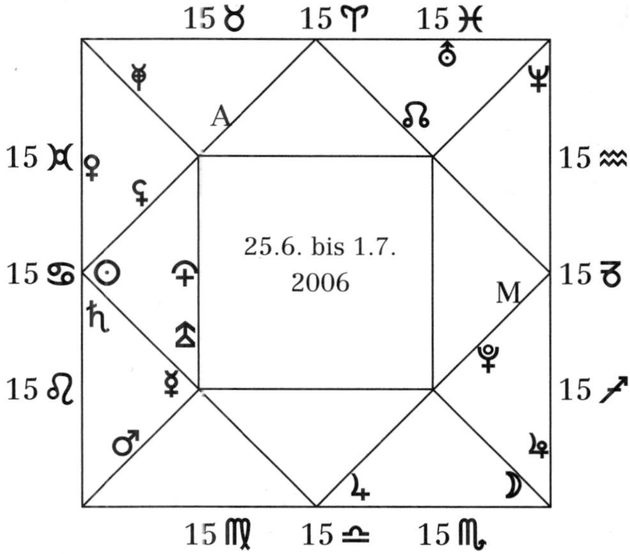

Was geschah im Juni/Juli am:

25. ______________________________

26. ______________________________

27. ______________________________

28. ______________________________

29. ______________________________

30. ______________________________

1. ______________________________

27. Woche vom 2.7. bis 8.7.2006

Astrothema (Tagesbotschaft und Geburtstagsmotto)

2. Zuckersüße Früchte faulen am Baum.
3. Jemand wirft mit Steinen nach der Sonne.
4. Ein Korb voll junger Kätzchen.
5. Jemand beginnt ein Haus abzureißen.
6. Unruhige Gäste auf einem Bankett.
7. Großes Geschrei um einen Zeitungsartikel.
8. Eine heimliche Verlobung.

Besonderheiten und allgemeine Tendenzen in dieser Woche

Welt: Man hört von Veränderungen im Verhältnis der Staaten untereinander. Religiöse Fragen gewinnen an Bedeutung. Es zeigt sich, dass die Arbeit von Journalisten behindert wird.

Deutschland: Positive Nachrichten sind zu erwarten. Für die Wirtschaft ergeben sich neue Möglichkeiten. Streitereien oder Diskussionen mit einem Nachbarstaat sind möglich.

Privat: Die Tendenz der Vorwoche setzt sich fort. Viel unbekümmertes Reden über neue Pläne ist angezeigt. Es ist eine Zeit der Eingebungen, was günstig für künstlerische Vorhaben ist.

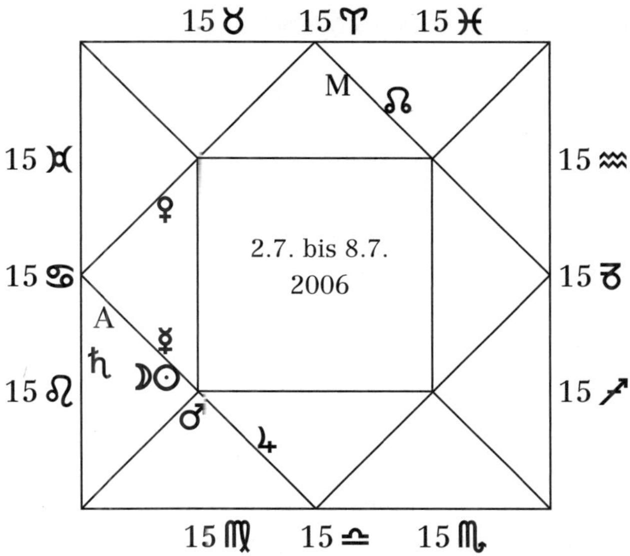

Was geschah im Juli 2006 am:

2. ______________________________

3. ______________________________

4. ______________________________

5. ______________________________

6. ______________________________

7. ______________________________

8. ______________________________

28. Woche vom 9.7. bis 15.7.2006

Astrothema (Tagesbotschaft und Geburtstagsmotto)

9. Es sieht aus wie ein Elch in einer Stierkampfarena.
10. Die Zahlen 1223 und 1657 werden addiert.
11. Eine sprechende Mumie spuckt Goldmünzen.
12. Aufgescheuchte Rebhühner in einem Getreidefeld.
13. Ruhe – nichts als Ruhe.
14. Ein Herold überbringt eine Botschaft.
15. Es gibt Regen und Hagel.

Besonderheiten und allgemeine Tendenzen in dieser Woche

Welt: Man hört von reger Reisetätigkeit der Staatsoberhäupter und dem Versuch, eine Zusammenkunft zu verhindern. Eine Lüge wird geboren, die noch in den nächsten Jahren eine Rolle spielen wird. Die Arbeit von Hilfsorganisationen wird behindert.

Deutschland: Ein Skandal um einen Fernsehsender wird ruchbar. Alle politischen Entscheidungen, die Technik betreffen, geraten in die Kritik. Die Bevölkerung ist unzufrieden.

Privat: Jüngere Kollegen, Mitarbeiter oder Familienmitglieder machen in dieser Zeit berufliche Schwierigkeiten. Unter den weiblichen Familienmitgliedern ist die Stimmung gereizt. Es gibt Ärger wegen finanzieller Misswirtschaft. Dies betrifft eine langfristige Angelegenheit.

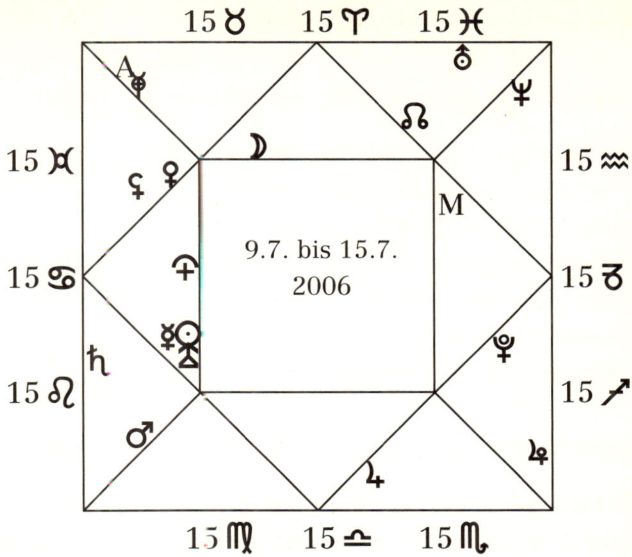

Was geschah im Juli 2006 am:

9. ____

10. ____

11. ____

12. ____

13. ____

14. ____

15. ____

29. Woche vom 16.7. bis 22.7.2006

Astrothema (Tagesbotschaft und Geburtstagsmotto)

16. Ein Postpaket fällt vom Wagen.
17. Man rechnet immer wieder nach.
18. Eine Nonne streut Rosenblätter.
19. Enge Pass-Straße mit viel Verkehr.
20. Betende Pilger in einer Kirche.
21. Bleistifte werden gespitzt.
22. Ein verrosteter Dampfer in einem alten Hafen.

Besonderheiten und allgemeine Tendenzen in dieser Woche

Welt: Eine merkwürdige Meldung verwirrt die Weltgemeinschaft. Die Auswirkungen dieses Ereignisses sind unklar, aber es birgt Gefahr für die Zukunft. Man wird versuchen, die Nachricht zu unterdrücken. Geheime Anrufe und Absprachen finden in dieser Zeit statt. Der Kapitalmarkt reagiert massiv.

Deutschland: Eine Persönlichkeit wird sich aus der Öffentlichkeit zurückziehen. Nachhaltige Störungen der Kommunikation beginnen in diesen Tagen. Man hört von merkwürdigen Unfällen und streitet heftig wegen der Finanzen.

Privat: Eine Woche ohne große Höhen und Tiefen.

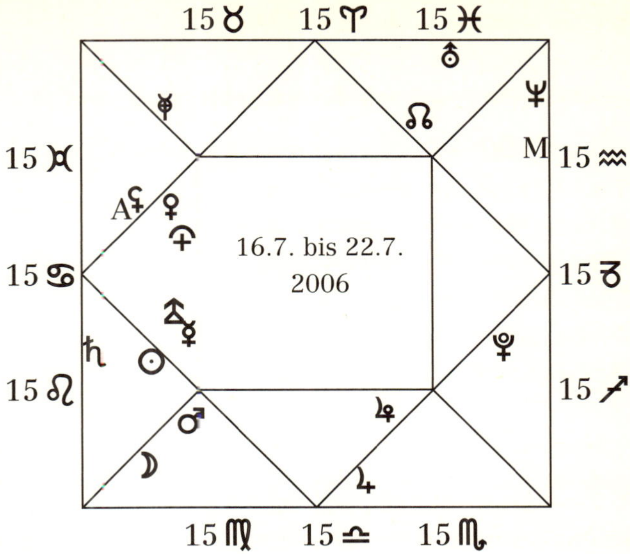

Was geschah im Juli 2006 am:

16. ______

17. ______

18. ______

19. ______

20. ______

21. ______

22. ______

30. Woche vom 23.7. bis 29.7.2006

Astrothema (Tagesbotschaft und Geburtstagsmotto)

23. Jemand zählt die Birnen an einem Baum.
24. Eine Ziegelmauer wird getüncht.
25. Heftiger Sturm reißt Bäume um.
26. Jemand verrechnet sich ständig.
27. Ein Mann versteigert Perlenketten.
28. Es riecht nach Parfüm.
29. Die Zahl 3432.

Besonderheiten und allgemeine Tendenzen in dieser Woche

Welt: Es gibt Tendenzen, die auf eine Entspannung hinweisen. Die Neueinschätzung eines weltpolitischen Ereignisses spielt hierbei eine Rolle. Man hört von Täuschungsmanövern, die im Zusammenhang mit der Seefahrt auf der Südhalbkugel stehen.

Deutschland: Es wird viel geredet und viel zerredet. Eine alte These wird wieder entdeckt. Die Unruhe in der Bevölkerung nimmt zu. Ein Notfall oder eine undurchsichtige Situation erhitzt die Gemüter.

Privat: Die Gefühle beherrschen derzeit den Verstand. Im Beruf könnte eine Maßnahme zu früh eingeleitet werden und für Verwirrung sorgen. Zurückhaltung im Umgang mit Kollegen ist angezeigt.

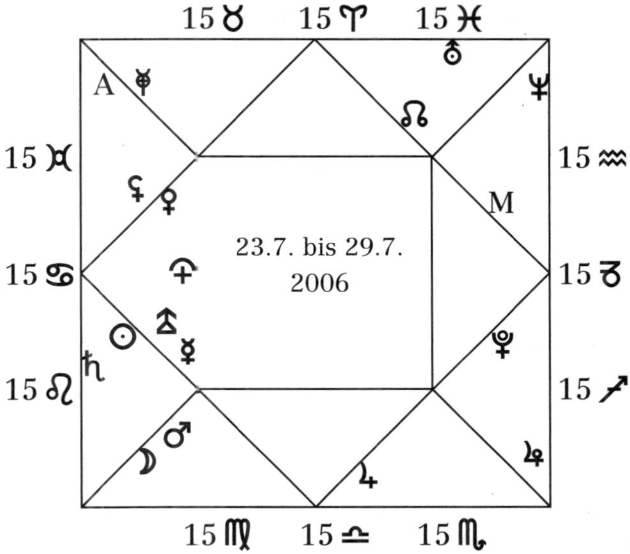

Was geschah im Juli 2006 am:

23. ______________________________

24. ______________________________

25. ______________________________

26. ______________________________

27. ______________________________

28. ______________________________

29. ______________________________

31. Woche vom 30.7. bis 5.8.2006

Astrothema (Tagesbotschaft und Geburtstagsmotto)

30. Ein Summen wie in einem Bienenstock.
31. Ein Mann mit einer Whiskeyflasche.
1. Eine beträchtliche Summe Geldes liegt auf dem Tisch.
2. Eine Frau putzt mit einem Lappen eine Silberlampe.
3. Hinter einer Glasscheibe sind Puppen ausgestellt.
4. Heftiges Gerüttel an einer Tür.
5. Geklapper von Tassen in einem Restaurant.

Besonderheiten und allgemeine Tendenzen in dieser Woche

Welt: Man erfährt von einem Kompromiss, der keiner ist. Ein wissenschaftliches Desaster wird sich als folgenschwer erweisen. Einschränkungen des Reiseverkehrs sind möglich. Zwei Staaten geraten miteinander in Streit, oder es bahnt sich ein Konflikt zwischen ihnen an.

Deutschland: In der Politik werden Verzögerungen eingeräumt. In der Wirtschaft herrscht Missmut. Die Bevölkerung protestiert gegen Beschlüsse, und die Proteste werden von der Presse noch angeheizt. Wegen einer internationalen Situation gibt es heftigen Streit.

Privat: Die Zeit ist günstig für neue Pläne und die Umsetzung neuer Ideen. Beruflich sind die Aussichten gut. Freunde hingegen können verzögern, behindern oder täuschen.

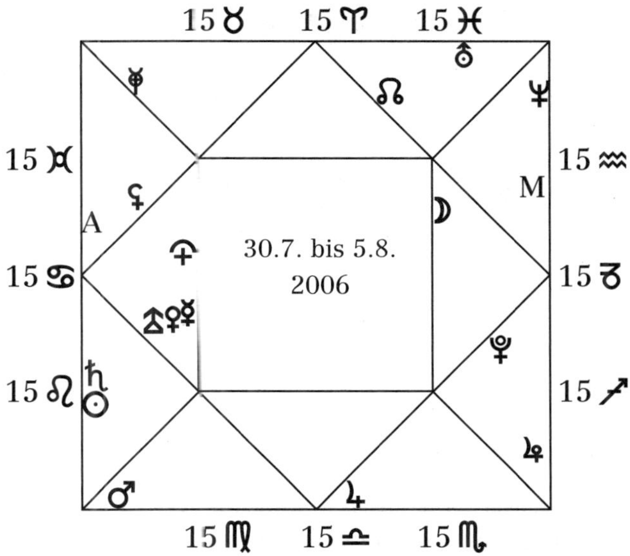

Was geschah im Juli/August 2006 am:

30. ______________________________

31. ______________________________

1. ______________________________

2. ______________________________

3. ______________________________

4. ______________________________

5. ______________________________

32. Woche vom 6. 8. bis 12. 8. 2006

Astrothema (Tagesbotschaft und Geburtstagsmotto)

6. Weiße Orchideen auf einer Festtafel.
7. Feuerwehrleute löschen einen Schwelbrand.
8. Es riecht nach Zimt und Rum.
9. Striche werden auf einer Straße gezogen.
10. Jemand reibt ein Pferd trocken.
11. Ein Brief mit einer merkwürdigen Nachricht.
12. Menschen tanzen um ein Feuer.

Besonderheiten und allgemeine Tendenzen in dieser Woche

Welt: Eine Änderung der Machtverhältnisse ist angezeigt. Das überraschende Ausscheiden oder der Tod einer Persönlichkeit verändert die internationale Lage. Es ist eine Zeit der Geheimdiplomatie.

Deutschland: Kleine Ursachen sorgen für große Verunsicherungen in der Bevölkerung. Ein neuer Kopf in der Politik wird die etablierten Parteien irritieren. Man hört von einem Unternehmen, das mit einer neuen Idee sehr erfolgreich ist.

Privat: Eine Zeit, in der sich finanzielle Probleme zeigen dürften. Streitereien zwischen Nachbarn sind angezeigt. In der Partnerschaft ist Zurückhaltung angebracht.

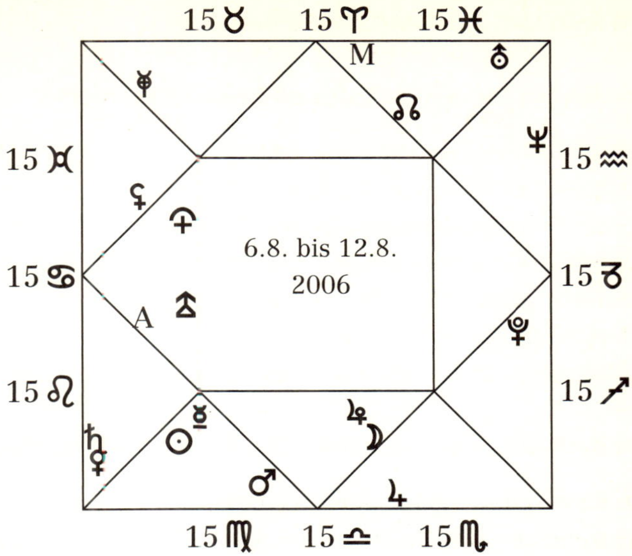

Was geschah im August 2006 am:

6. ______

7. ______

8. ______

9. ______

10. ______

11. ______

12. ______

33. Woche vom 13. 8. bis 19. 8. 2006

Astrothema (Tagesbotschaft und Geburtstagsmotto)

13. Man hört Glocken einer Kirche.
14. Jemand verteilt Brot und Salz.
15. Eine Frau bindet einen Blumenstrauß.
16. In einer Versammlung schüttelt man den Kopf.
17. Eine Straßenlampe, die auch am Tag brennt.
18. Kaum ein Mensch auf einem Markt.
19. Lange Schlangen vor einem Geschäft, das Reis verkauft.

Besonderheiten und allgemeine Tendenzen in dieser Woche

Welt: Probleme im Osten Asiens werden sichtbar. Die Spannungen wirken sich auch auf Europa aus. Man erfährt von brutalen Verfolgungen. Gewaltige Veränderungen sind möglich. Länder im Süden Europas haben Schwierigkeiten, die mit Wasser zu tun haben.

Deutschland: Nervosität macht sich breit. Ansonsten hält die Tendenz der Vorwoche an. Interessengemeinschaften treten an die Öffentlichkeit und verursachen Ärger.

Privat: Keine gute Zeit für berufliche Entscheidungen, die Veränderungen beinhalten. Störungen im Verhältnis zu Kollegen, Nachbarn oder in Vereinen zeichnen sich ab. Die weiblichen Familienmitglieder müssen mit ärgerlichen Nachrichten rechnen.

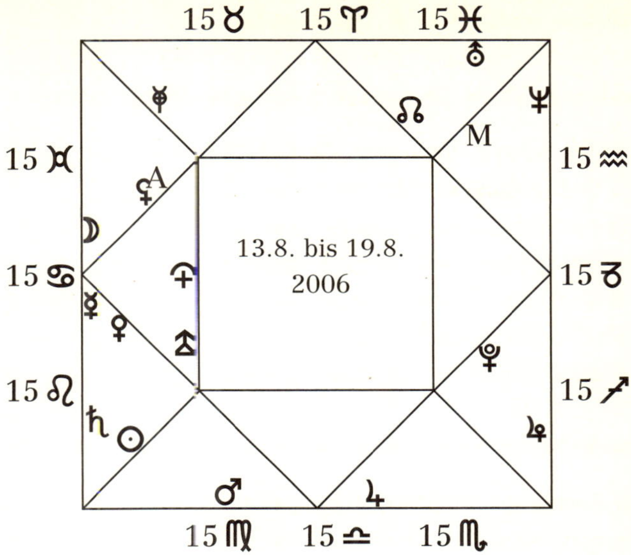

Was geschah im August 2006 am:

13. ______________________________

14. ______________________________

15. ______________________________

16. ______________________________

17. ______________________________

18. ______________________________

19. ______________________________

34. Woche vom 20. 8. bis 26. 8. 2006

Astrothema (Tagesbotschaft und Geburtstagsmotto)

20. Es ist zu spät, um einen Fluss zu überqueren.
21. Eine Prachtstraße im Sonnenschein.
22. Etwas Technisches funktioniert nicht.
23. Absperrungen mit grünen Bändern.
24. Jemand meldet sich am Telefon und verbreitet Freude.
25. Ein Stapel Papiere wird von einem Beamten gestempelt.
26. Ein kleiner Junge zeigt seine schmutzigen Hände.

Besonderheiten und allgemeine Tendenzen in dieser Woche

Welt: Armut ist derzeit ein weltpolitisches Thema. Geheimnisse werden gelüftet. Es kommt zu Protesten, weil neue Abhängigkeiten und Armut die Folge sein könnten. Politische Schandtaten und rohe Gewalt sind möglich. Asien erlebt eine Krise.

Deutschland: Heftige Diskussionen um nichtige Anlässe. Kontrollen sorgen für Missstimmung. Bosheit und hässliches Verhalten herrschen vor. Verbände lösen sich auf durch die Uneinigkeit ihrer Führer oder durch einen direkten Eingriff des Staates.

Privat: In dieser Woche besteht die Möglichkeit, strittige Fragen in der Familie zu lösen. Steht es schlecht um die Partnerschaft, muss mit zusätzlichen Widerwärtigkeiten gerechnet werden. Es gibt Probleme mit Mieten und Mietern und mit allem, was mit Grundstücken zu tun hat.

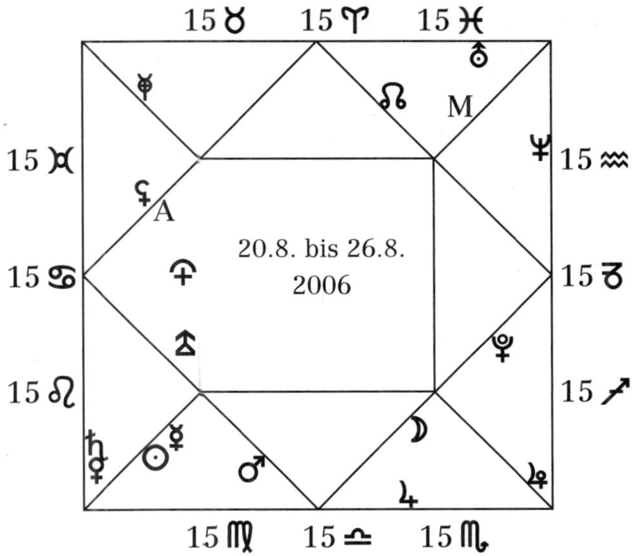

Was geschah im August 2006 am:

20. ______________________________

21. ______________________________

22. ______________________________

23. ______________________________

24. ______________________________

25. ______________________________

26. ______________________________

35. Woche vom 27. 8. bis 2. 9. 2006

Astrothema (Tagesbotschaft und Geburtstagsmotto)

27. Menschen mit hellen Kleidern.
28. Sand auf Marmorboden.
29. Eine Frau weist mit der Hand nach Westen.
30. Mit dem Wind werden welke Blätter verwirbelt.
31. Keine Nachrichten im Fernsehen.
1. Drei Leute sehen in einen Geldbeutel.
2. Eine Frau baut aus Bleistiften eine Mauer.

Besonderheiten und allgemeine Tendenzen in dieser Woche

Welt: Im Mittelpunkt steht in dieser Zeit die Verschlechterung der Lebensverhältnisse. Es geht auch um Rauschgifte, tödliche Gase oder Getränke. Alles, was mit Abnahme und Verringerung zu tun hat, wird sichtbar – Wassermangel, Energiemangel usw.

Deutschland: Wolkenbrüche und Wasserkatastrophen sind möglich. Man redet über die Möglichkeit, das Wetter im weitesten Sinne künstlich zu beeinflussen. Politisch ist ein großer Schaden durch Irrtum, Täuschung oder Unklarheit möglich.

Privat: In zwischenmenschlichen Beziehungen muss mit Enttäuschungen gerechnet werden. Grundthema dieser Woche ist die Fehleinschätzung von beruflichen Kontakten. Die erarbeiteten Verdienste sind in dieser Zeit gefährdet.

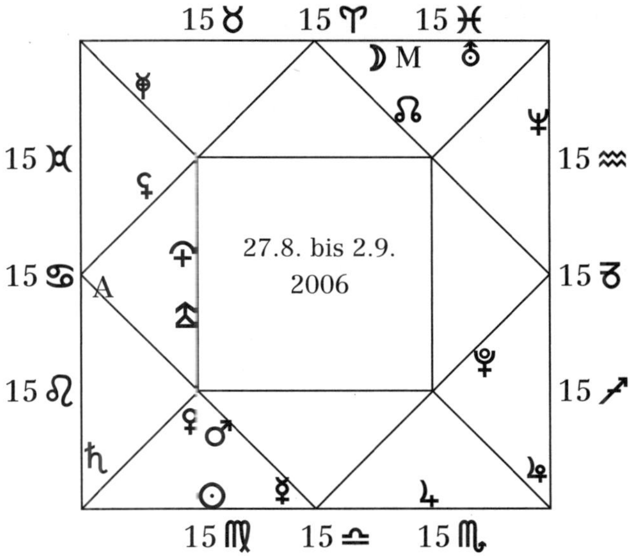

Was geschah im August/September 2006 am:

27. ____

28. ____

29. ____

30. ____

31. ____

1. ____

2. ____

36. Woche vom 3. 9. bis 9. 9. 2006

Astrothema (Tagesbotschaft und Geburtstagsmotto)

3. Die Zweige einer Buche bilden ein X.
4. Eine Fußgängerzone, voll geparkt mit Autos.
5. Von einer Baustelle hört man Lärm.
6. Eine Rangelei unter Mönchen.
7. Ein Mann zerreißt seine Kleider.
8. Ein altes Puppenhaus auf dem Müll.
9. Reisende packen ihre Koffer in der Flughalle aus.

Besonderheiten und allgemeine Tendenzen in dieser Woche

Welt: Abhängigkeiten werden missbraucht. Das führt zu einem Aufstand. Politiker und Diplomaten zeigen sich erstaunt. Ein Vorfall, der Trauer auslösen wird, könnte sich in den nächsten zwei Wochen ereignen.

Deutschland: Es gibt heftige Diskussionen über ein gefälltes Urteil oder über eine Entscheidung der Obrigkeit. Politiker werden um die Früchte ihrer Arbeit gebracht. Es kommt zu unehrenhaftem Verhalten.

Privat: Es gibt derzeit nur eine geringe Motivation für erfolgreiches Arbeiten. Schlechte Ergebnisse werden erzielt, im weitesten Sinne werden minderwertige Früchte geerntet. Differenzen über die Frage der Autorität in der Familie bzw. der Partnerschaft.

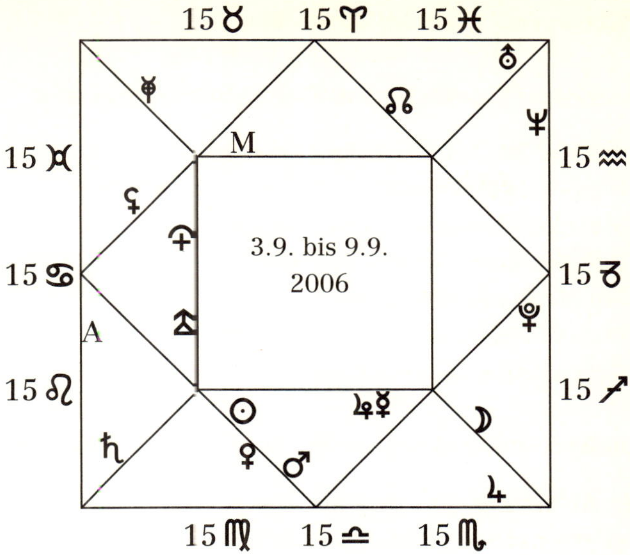

Was geschah im September 2006 am:

3. ______________________________

4. ______________________________

5. ______________________________

6. ______________________________

7. ______________________________

8. ______________________________

9. ______________________________

37. Woche vom 10. 9. bis 16. 9. 2006

Astrothema (Tagesbotschaft und Geburtstagsmotto)

10. Jemand wirft Heftklammern aus dem Fenster.
11. Gurgelnde Geräusche in einer Röhre.
12. Mittagsgeläut einer Klosterkirche.
13. Heftiger Regen löscht ein Feuer.
14. Ein Mann mit einer Sense.
15. Leute zerteilen ein orangefarbenes Tuch.
16. Auf einem Schulhof stampft man Steine fest.

Besonderheiten und allgemeine Tendenzen in dieser Woche

Welt: Die Mächtigen diktieren Entscheidungen. Man hört von Gewaltakten oder einer schweren Bedrohung. Eine Reise wird abgebrochen. Naturereignisse führen zur Verarmung.

Deutschland: Eine große Leistung wird vorgetäuscht. Die Bevölkerung muss mit Betrug im großen Stil rechnen. Streit oder Debatten über einen alten Mann.

Privat: Die Zeit ist günstig für neue Verbindungen oder erste Kontakte. Alles, was mit gemeinsamen Bestrebungen zu tun hat, kommt zu einem erfolgreichen Abschluss. Dazu gehört auch die Absicht, gemeinsam etwas aufklären zu wollen, was zu einer Harmonisierung im Beruf führen wird.

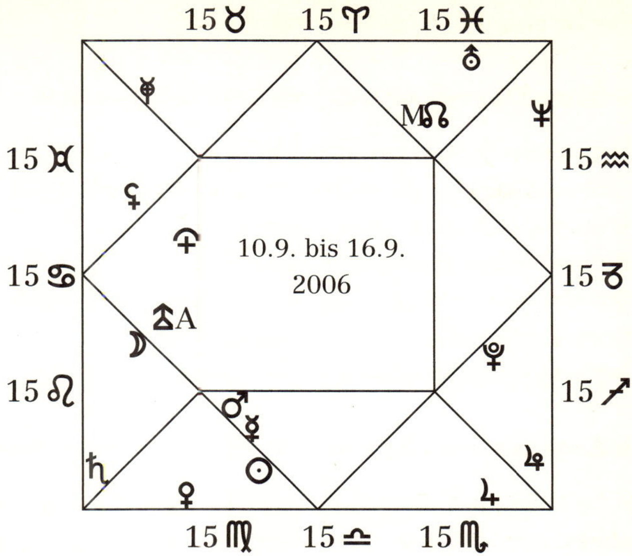

Was geschah im September 2006 am:

10. ______________________________

11. ______________________________

12. ______________________________

13. ______________________________

14. ______________________________

15. ______________________________

16. ______________________________

38. Woche vom 17. 9. bis 23. 9. 2006

Astrothema (Tagesbotschaft und Geburtstagsmotto)

17. Ein Flugzeug macht einen Looping.
18. Grün gekleidete Männer leeren einen Korb mit Rosen.
19. Man isst schwarzes Brot und murrt.
20. Jemand schreibt 13 mal 4 an eine Wand.
21. Ein Brunnen wird mit künstlichen Blumen dekoriert.
22. Herzliche Begrüßung einer Reisegesellschaft.
23. Jemand unterschreibt Briefe und pfeift dabei.

Besonderheiten und allgemeine Tendenzen in dieser Woche

Welt: Auf dem internationalen Parkett wird mit Erfolg etwas verborgen. Das führt zu einer positiven Veränderung, was aber nicht gleich erkannt wird. Das Neue an der Situation ist der »schleichende Wandel«. Diese Entwicklungen beherrschen die nächste Zeit.

Deutschland: Es geht um Moral. Übereiltes Handeln schadet den Akteuren. Ein Streit um weltanschauliche Themen führt zu einer Krise mit Nachbarstaaten. Es ist immer noch die Zeit der großen Intrigen.

Privat: Die Entwicklung in der Familie ist harmonisch. Es ist eine günstige Zeit für die Entwicklung des Geschmacks. Beruflich sind Tendenzen zum Mobbing angezeigt (»Mobbing« heißt: in der und durch die Arbeit terrorisiert werden).

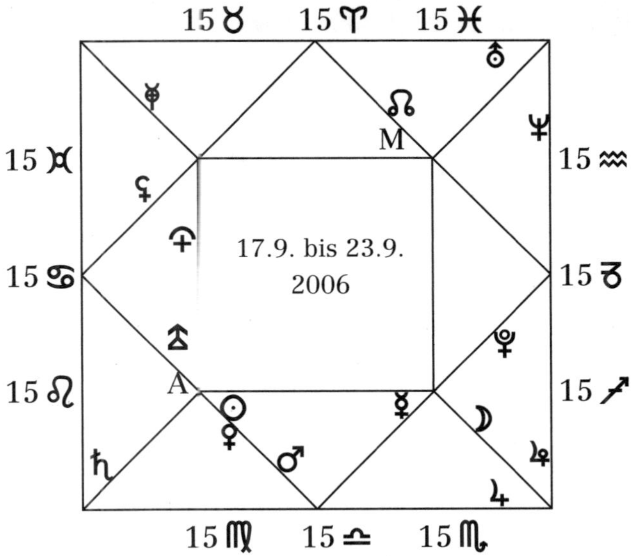

Was geschah im September 2006 am:

17. ______________________________

18. ______________________________

19. ______________________________

20. ______________________________

21. ______________________________

22. ______________________________

23. ______________________________

39. Woche vom 24. 9. bis 30. 9. 2006

Astrothema (Tagesbotschaft und Geburtstagsmotto)

24. Aus einem Kessel wird eine Art weißer Brei verteilt.
25. Ein schriller Hochfrequenzton belästigt Fußgänger.
26. Jemand zinkt Karten.
27. Öffentlichkeit, viel Öffentlichkeit.
28. Protestierende Männer mit langen Besen.
29. Ein Fisch sagt guten Morgen.
30. Ein Schaf mit einer Farbmarkierung auf der Weide.

Besonderheiten und allgemeine Tendenzen in dieser Woche

Welt: Es kommt zu Krisen innerhalb von politischen Partnerschaften oder Zusammenschlüssen. Wegen der desolaten wirtschaftlichen Situation eines Staates werden Sitzungen einberufen. Zögerliche Entscheidungen und verspätete Maßnahmen sind angezeigt. Alles, was mit Feuer oder Hitze im weitesten Sinne zu tun hat, gewinnt in diesen Tagen an Bedeutung.

Deutschland: Bündnisse, Zusammenschlüsse oder sogar Parteien können auseinander brechen. Die Stimmung in der Bevölkerung bestimmt die Reden der Politiker. Ärger wegen Geldgeschäften oder Transaktionen von Banken ist angezeigt.

Privat: Es wird eng in den privaten Finanzen. Die Lebensverhältnisse verschlechtern sich. Freundschaften werden in dieser Zeit auf die Probe gestellt, was zu Enttäuschungen führt. Wohnungsangelegenheiten, d. h. alles, was mit Unterkünften in Verbindung steht, gewinnen an Bedeutung. Es muss mit Problemen in diesem Bereich gerechnet werden.

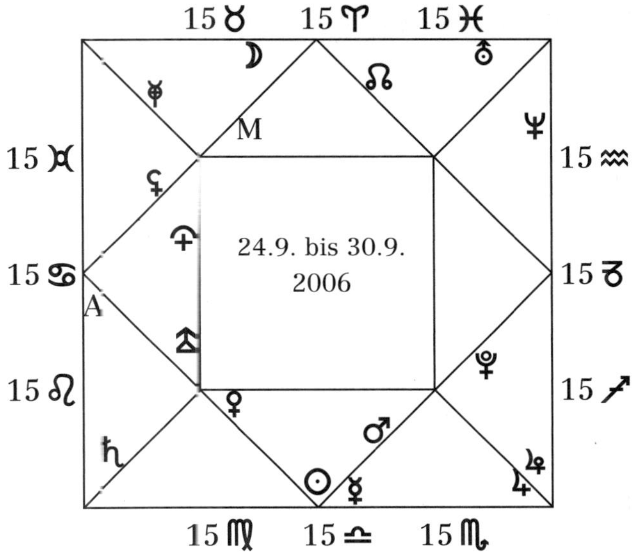

Was geschah im September 2006 am:

24. ______________________________

25. ______________________________

26. ______________________________

27. ______________________________

28. ______________________________

29. ______________________________

30. ______________________________

40. Woche vom 1.10. bis 7.10.2006

Astrothema (Tagesbotschaft und Geburtstagsmotto)

1. Die Sonne versteckt sich hinter Wolken – es wird kalt.
2. Jemand kehrt eine Regenpfütze in den Abfluss.
3. Eine Hand mit sechs Fingern.
4. Schulkinder werfen Strohhalme in einen Korb.
5. Man hört Donner in der Ferne.
6. Trockenheit in einem Landstrich.
7. Jemand döst in der Sonne.

Besonderheiten und allgemeine Tendenzen in dieser Woche

Welt: Es kommt zu einer plötzlichen Veränderung mit schwer wiegenden Folgen, die wiederum andere Zwänge nach sich ziehen. Waffenbrüderschaften werden neu geschlossen.

Deutschland: Die Regierung erlässt neue Gesetze, die starke Auswirkungen auf das tägliche Leben haben. Es gibt Zwist innerhalb der politischen Führung bzw. der Obrigkeit.

Privat: Glückliche, weil kreative Stunden im Beruf. Gemeinsames Erleben in der Partnerschaft tritt in den Hintergrund. Eigene Wege gehen und trotzdem glücklich sein ist in den nächsten Wochen die Devise.

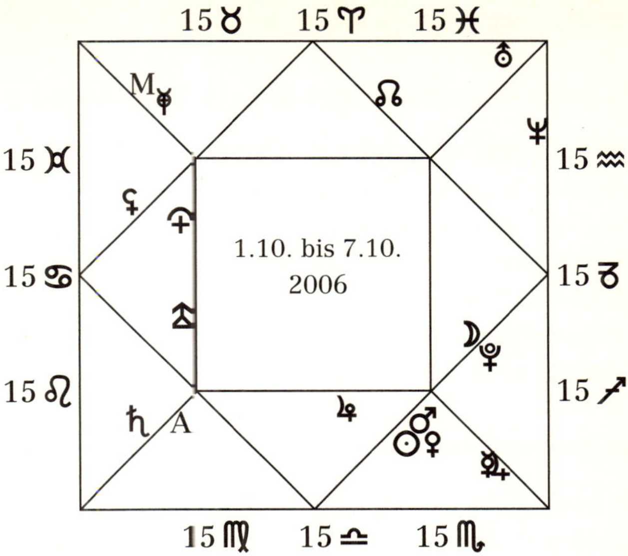

Was geschah im Oktober 2006 am:

1. ______________________________

2. ______________________________

3. ______________________________

4. ______________________________

5. ______________________________

6. ______________________________

7. ______________________________

41. Woche vom 8.10. bis 14.10.2006

Astrothema (Tagesbotschaft und Geburtstagsmotto)

8. Eine Art Kochstelle mitten im Wald.
9. Verkehrsampeln werden versetzt.
10. Szene in einem Büro mit kleinen Fenstern.
11. Aus einem Lieferwagen werden gelbe Kisten ausgeladen.
12. Man mauert eine neue Gartenmauer hoch.
13. Brillengläser mit den Buchstaben R und K.
14. Jemand rührt in einem großen Topf mit Münzen.

Besonderheiten und allgemeine Tendenzen in dieser Woche

Welt: Unmerklich vollzieht sich in dieser Zeit ein Wandel der Perspektive. Man erkennt eine neue Vorgehensweise in der internationalen Politik und staunt darüber.

Deutschland: Bisher mit großem Erfolg verborgene oder verheimlichte Fakten kommen an die Öffentlichkeit. Das ist der Beginn einer geglückten politischen Veränderung, was allerdings nicht sofort sichtbar wird.

Privat: Eine Woche, in der man darüber spricht, dass man Glück im Unglück gehabt hat. Leidenschaftlichen Spielern drohen Verluste. Eine Zeit des körperlichen Unwohlseins oder einer Krankheit, die auch die Masse betrifft. Man hört von minderwertigen Nahrungsmitteln oder Bestandteilen davon.

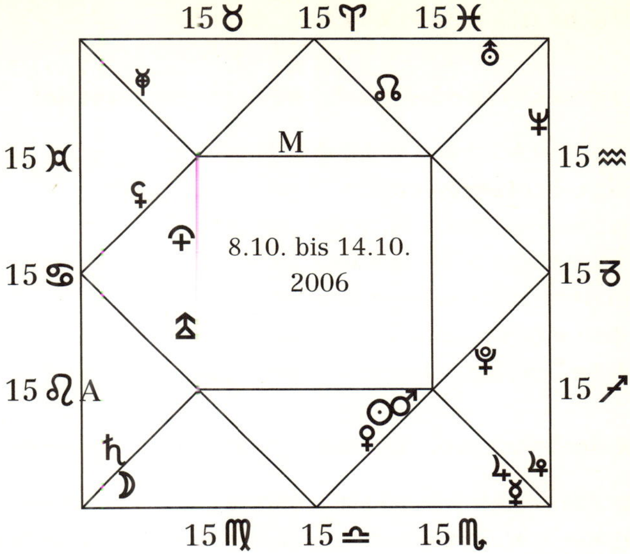

Was geschah im Oktober 2006 am:

8. ____________________

9. ____________________

10. ____________________

11. ____________________

12. ____________________

13. ____________________

14. ____________________

42. Woche vom 15.10. bis 21.10.2006

Astrothema (Tagesbotschaft und Geburtstagsmotto)

15. Auf einem Dach werden die Ziegel vergoldet.
16. Das Lächeln einer jungen Frau.
17. Irgendetwas wird klein gehackt.
18. Ein Anruf aus der Schweiz.
19. Jemand reibt sich verwundert die Augen.
20. Man hört Applaus, viel Applaus.
21. Eine Frau bietet alte Briefmarken an.

Besonderheiten und allgemeine Tendenzen in dieser Woche

Welt: Die Weltgemeinschaft durchlebt eine angstvolle Zeit. Man hört von Gewaltakten, die andere aus Machtvollkommenheit begehen. Trauer der Abhängigen und Armut für die Besitzenden sind angezeigt.

Deutschland: Eine Zeit der Scheinverträge zieht herauf. Die Ursache sind großspurige Pläne für ein mächtiges Blendwerk. Das Fiasko wird jedoch große Leistungen auf technischem Gebiet hervorbringen.

Privat: Das Misstrauen gegen Personen, mit denen man beruflich zu tun hat, wächst. Eine Phase der Streitigkeiten im Beruf bahnt sich an. In der Familie gibt es keine auffälligen Entwicklungen.

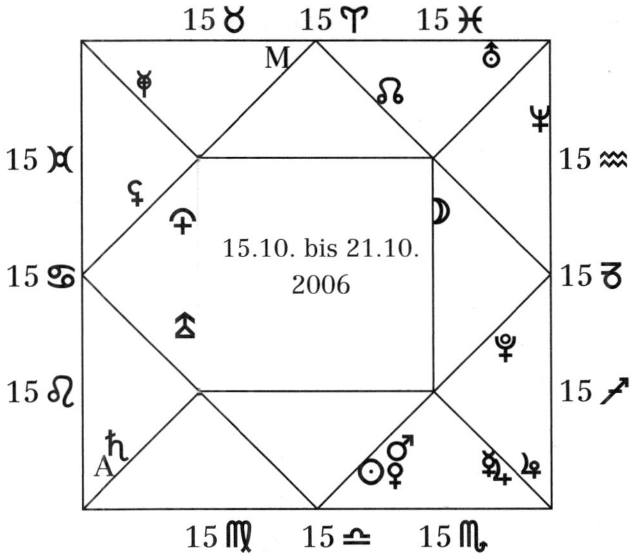

Was geschah im Oktober 2006 am:

15. ______________________________

16. ______________________________

17. ______________________________

18. ______________________________

19. ______________________________

20. ______________________________

21. ______________________________

43. Woche vom 22.10. bis 28.10.2006

Astrothema (Tagesbotschaft und Geburtstagsmotto)

22. Eine kleine Quelle vor dem Haus.
23. Teller mit einem goldenen Rand.
24. Es wird eine Hochzeit gefeiert.
25. Eine Antwort auf die Frage nach dem Weg.
26. Ein Kasten wird um einen Meter versetzt.
27. Triumph über einen Sieg.
28. Das Lächeln eines Buddha.

Besonderheiten und allgemeine Tendenzen in dieser Woche

Welt: Debatten und Kritik herrschen vor. Moralische Vorwürfe werden erhoben. Niemand ist bereit, die Wahrheit zu sagen oder die wahren Konsequenzen zu benennen. Eine Zeit der Krise, in der man übereilt handelt.

Deutschland: Man erfährt von Bestrebungen in der Politik, neue Vereinigungen einzugehen. Eine heimliche Zusammenarbeit soll nun öffentlich werden. Streitigkeiten um Moral und Verantwortung beschäftigen die Öffentlichkeit.

Privat: Neue Pläne, neue Wege, neue Ziele. Eine gute Woche für den beruflichen Neuanfang. Alles, was tatkräftig angegangen wird, kommt in dieser Zeit auch zu einem guten Ende.

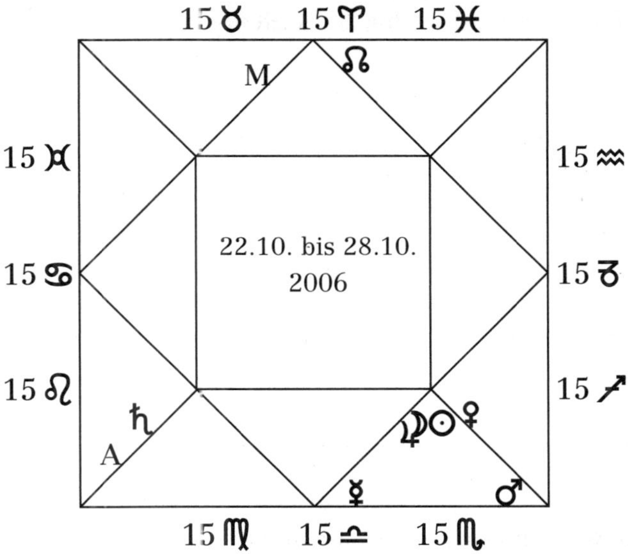

Was geschah im Oktober 2006 am:

22. ______________________________

23. ______________________________

24. ______________________________

25. ______________________________

26. ______________________________

27. ______________________________

28. ______________________________

44. Woche vom 29.10. bis 4.11.2006

Astrothema (Tagesbotschaft und Geburtstagsmotto)

29. Es wird ein heißer Tag.
30. Farbverschmierte Finger.
31. Eine Brücke zwischen zwei Inseln.
1. Man sieht den Mond in einer stürmischen Nacht.
2. Ein Drittel von jedem wird vermischt.
3. Ein Laserstrahl ist auf eine Brücke gerichtet.
4. Betende Mönche rufen ständig »dort, dort«.

Besonderheiten und allgemeine Tendenzen in dieser Woche

Welt: Unklare Verhältnisse führen zu internationalen Komplikationen. Pläne und Absprachen werden durch Gehässigkeit und Tücke gestört. Man hört von einem mysteriösen, undurchschaubaren Vorfall. Eine Widerwärtigkeit, die die Umwelt betrifft, erregt Aufsehen.

Deutschland: Die Wirtschaft muss mit Störungen rechnen. Alles, was maschinell betrieben wird, ist gefährdet. Die Ursache ist technisches Versagen.

Privat: Unzulänglichkeiten im Beruf werden sichtbar und bestimmen das Arbeitsklima. Es muss mit familiären Spannungen gerechnet werden, weil es an vielem mangelt. In der Familie spricht man von Entsagung oder Verzicht.

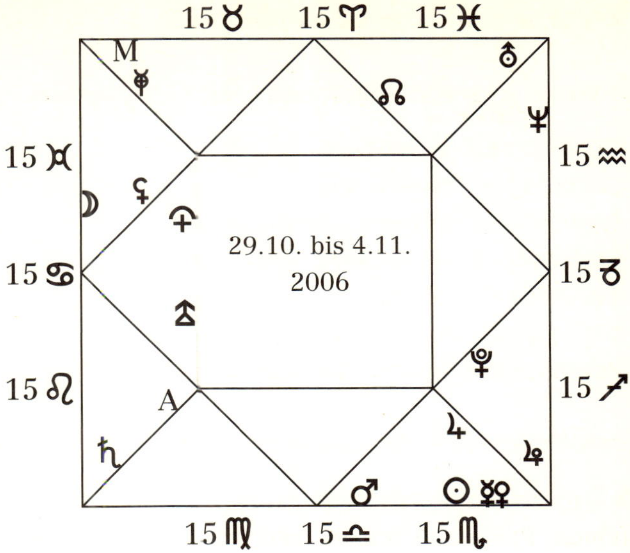

Was geschah im Oktober/November 2006 am:

29. ______________________________

30. ______________________________

31. ______________________________

1. ______________________________

2. ______________________________

3. ______________________________

4. ______________________________

45. Woche vom 5.11. bis 11.11.2006

Astrothema (Tagesbotschaft und Geburtstagsmotto)

5. Situation nach einer Kollision.
6. Eine Pflanze mit roten Blättern.
7. Jemand droht mit dem Finger.
8. Papier wird sorgfältig aufeinander gelegt.
9. Ein sehr heller Nebel.
10. Ein Einkaufskorb voller Blumenzwiebeln.
11. Jemand drückt mit dem Daumen einen Nagel in die Wand.

Besonderheiten und allgemeine Tendenzen in dieser Woche

Welt: Die Woche steht im Zeichen von Unterdrückung, Terror oder Rohheit. Eine plötzliche Veränderung hat schwer wiegende globale Folgen. Der Plan hierzu wird in diesen Tagen beschlossen oder angebahnt. Sein Ziel ist, Raum zu schaffen, indem Altes beiseite geräumt wird.

Deutschland: Es herrscht in der Öffentlichkeit Missstimmung über die Zustände. In der Bevölkerung macht sich Niedergeschlagenheit breit. Alles, was mit Reduzierung von Arbeit, Energie, Geld etc. zu tun hat, wird in diesen Tagen spürbar. Es ist eine kritische Zeit für Politiker.

Privat: Durch gemeinschaftliches Arbeiten lässt sich Positives erzielen. Dies bezieht sich vor allem auf Partnerschaften und Ehen. Aber auch die Zusammenarbeit von Freunden, Kollegen oder ganzen Betrieben wirkt sich günstig aus.

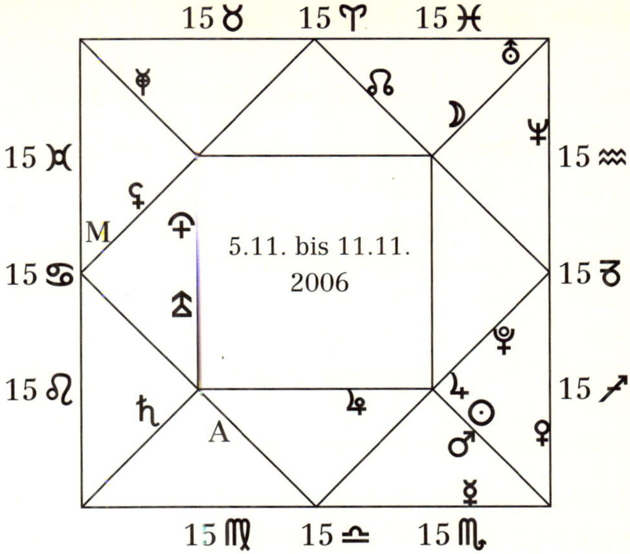

Was geschah im November 2006 am:

5. ______________________________

6. ______________________________

7. ______________________________

8. ______________________________

9. ______________________________

10. ______________________________

11. ______________________________

46. Woche vom 12.11. bis 18.11.2006

Astrothema (Tagesbotschaft und Geburtstagsmotto)

12. Es werden Stühle gestapelt.
13. Jemand wirft mit Bällen.
14. Die Treue eines Hundes wird besungen.
15. Es ist ein Umzug mitten im Dschungel.
16. Zwei schlagen sich mit einer Zeitung.
17. Eine Art Flugzeug versprüht Goldstaub.
18. Ein Mann sitzt in einem Aufzug fest.

Besonderheiten und allgemeine Tendenzen in dieser Woche

Welt: Erschütternde Ereignisse verursachen eine Zeit des Abbruchs, des Aufbruchs und des Umbruchs. Die Ehefrauen von Politikern spielen momentan eine entscheidende Rolle. Weltweit macht sich eine ablehnende Haltung gegenüber international agierenden Politikern breit.

Deutschland: Die Regierung verändert die Lebensbedingungen. Es handelt sich um angeordnete Veränderungen, denen man kaum widersprechen wird. Es kommt zu auffälligen Streitereien unter den Führungskräften der Wirtschaft. Falls ein Konflikt eskaliert, zeichnet sich ein wirtschaftlicher Zusammenbruch ab.

Privat: In der Familie gibt es Unruhe wegen eingegangener Verpflichtungen. Durch ärgerliche Missverständnisse kommt es zu Veränderungen innerhalb von Freundschaften. Alles, was mit Bewegung zu tun hat, steht unter einem günstigen Vorzeichen.

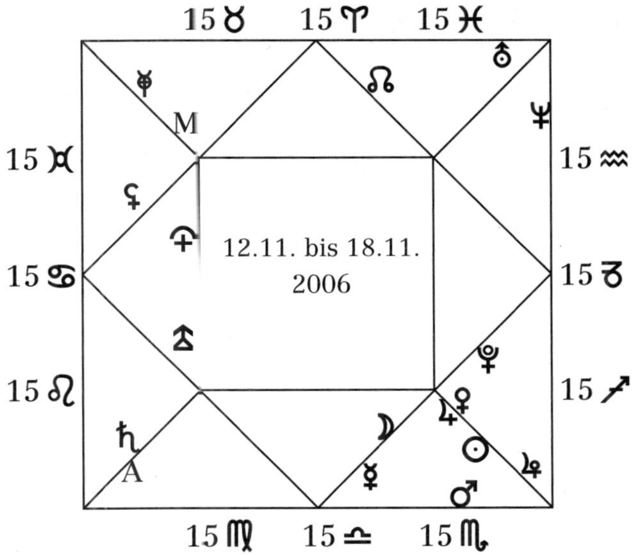

Was geschah im November 2006 am:

12. ______________________________

13. ______________________________

14. ______________________________

15. ______________________________

16. ______________________________

17. ______________________________

18. ______________________________

47. Woche vom 19.11. bis 25.11.2006

Astrothema (Tagesbotschaft und Geburtstagsmotto)

19. Man sieht eine Bohnenstange mit gelben Blättern.
20. Geräusche wie von einer Säge.
21. Ein Reisepass mit symbolischen Dreiecken.
22. Ein Gehöft, das eine technische Anlage verbirgt.
23. Aufgeregte Reden.
24. Jemand hält ein Transparent mit der Zahl 169346 hoch.
25. Kleine weiße Hämmerchen werden an Kinder verteilt.

Besonderheiten und allgemeine Tendenzen in dieser Woche

Welt: Heftige Erschütterungen der Natur, sowohl am Himmel als auch auf der Erde, sind zu beobachten. Man ist weltweit wegen Geldangelegenheiten in Sorge. Spekulationsverluste zeichnen sich ab. Es kommt zur überraschenden Trennung von Partnern oder zur Auflösung von Verträgen, die Rohstofflieferungen regeln.

Deutschland: Das Geltungsbedürfnis ist in der Regierung und der Diplomatie sehr ausgeprägt. Es werden Ansätze erkennbar, die langfristig die Pfründe von Beamten schmälern dürften. In dieser Zeit besteht die Gefahr der Verseuchung durch Dinge, die im weitesten Sinne mit Feuer, Verbrennung etc. zu tun haben.

Privat: Große Veränderungen in den persönlichen Verbindungen entstehen durch Tätigkeiten, die mit Kauf und Verkauf in Verbindung stehen. In dieser Zeit ergeben sich neue Kontakte.

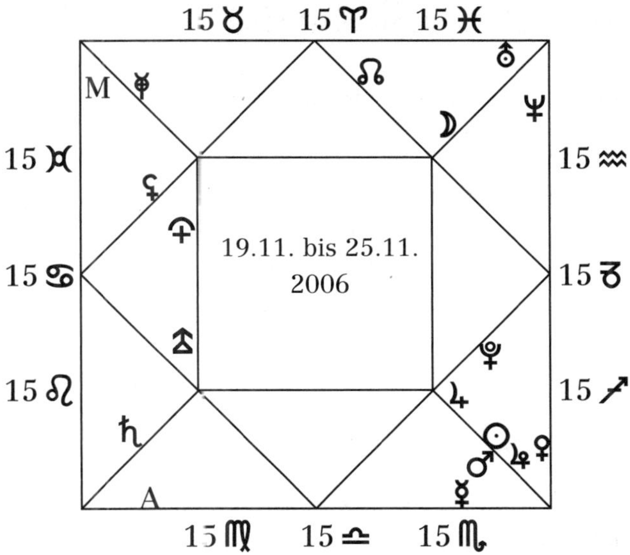

Was geschah im November 2006 am:

19. ______________________________

20. ______________________________

21. ______________________________

22. ______________________________

23. ______________________________

24. ______________________________

25. ______________________________

48. Woche vom 26.11. bis 2.12.2006

Astrothema (Tagesbotschaft und Geburtstagsmotto)

26. Ein Kleidungsstück – sieht aus wie eine Hose.
27. Arbeiter bauen eine Bühne auf.
28. Gläser werden gezählt.
29. Kontrollen überall auf den Straßen.
30. Ernennungsurkunden werden überreicht.
1. Das Tor eines Lagerhauses wird verschlossen.
2. Man hört das Wort R-I-A.

Besonderheiten und allgemeine Tendenzen in dieser Woche

Welt: Man diskutiert über andere Sitten. Die sprunghafte Ausdehnung von Macht führt zu Spannungen. Eine revolutionäre Entdeckung, die auf mathematischer Basis eine neue Wissenschaft oder einen neuen Wissenszweig begründen wird, wird publik gemacht. Hierbei spielt eine Frau oder ein Bund von Frauen eine Rolle.

Deutschland: In der Wirtschaft werden die Dinge mit wenig Liebe geplant und durchgeführt. Man arbeitet im Verborgenen. Dies gilt auch für Firmen- und Gesellschaftsgründungen und sogar für militärische Verbände, die heimlich aufgestellt werden könnten.

Privat: Es kommt zu Streitigkeiten in finanziell schwachen Familien. Die Ursache des Streits könnte auch sein, dass man in verarmten Gemeinschaften oder Firmen tätig werden muss. Es ist ratsam, umsichtig zu handeln, um kein Geld zu verlieren.

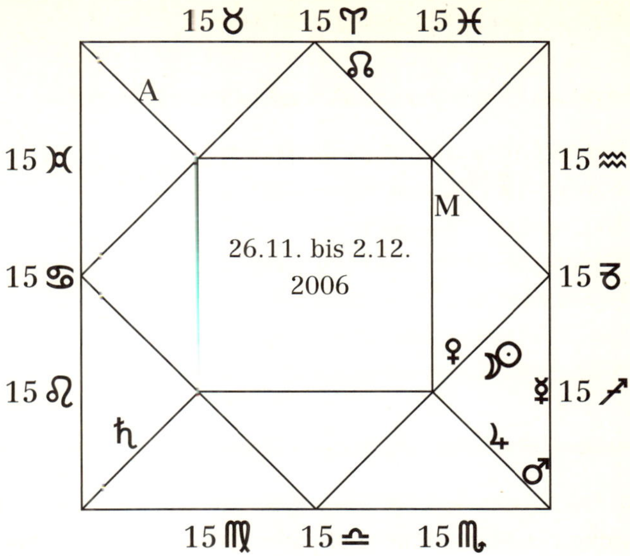

Was geschah im November/Dezember 2006 am:

26. ____

27. ____

28. ____

29. ____

30. ____

1. ____

2. ____

49. Woche vom 3.12. bis 9.12.2006

Astrothema (Tagesbotschaft und Geburtstagsmotto)

3. Eine Landschaft und große Freude.
4. Ernste Gesichter auf einer Konferenz.
5. Man verlädt Autoreifen auf einen Anhänger.
6. Zirpen, ständiges Zirpen im Kopf.
7. Essen wird gekocht – unklar, für wen.
8. Eine Skizze mit einer Wegkreuzung.
9. Viele Besucher in einer gotischen Kathedrale.

Besonderheiten und allgemeine Tendenzen in dieser Woche

Welt: Ein internationaler Politiker agiert kreativ – eine Zeit der schöpferischen Nationen. Man erfährt davon, dass irgendetwas durch einen Brand in Mitleidenschaft gezogen worden ist.

Deutschland: Tage des Verzichts, verursacht durch das Versagen von Einzelpersonen, stehen bevor. Dadurch richtet sich die öffentliche Aufmerksamkeit auf bestimmte Politiker. Schlagzeilen könnten Betroffenheit hervorrufen. Hierbei spielen Frauen eine Rolle. Die Kritik aus den Reihen der sozial Benachteiligten eskaliert.

Privat: Der Einzelne könnte in dieser Zeit von der Allgemeinheit an der Tür oder auf der Straße betrogen werden. Man zeigt sich hilflos gegenüber dem Staat.

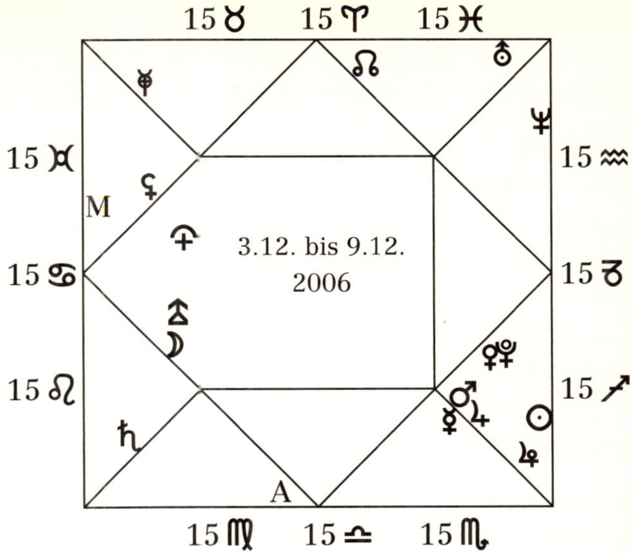

Was geschah im Dezember 2006 am:

3. ____________________

4. ____________________

5. ____________________

6. ____________________

7. ____________________

8. ____________________

9. ____________________

50. Woche vom 10.12. bis 16.12.2006

Astrothema (Tagesbotschaft und Geburtstagsmotto)

10. Herrischer Mensch, von Kunden umringt.
11. Es ertönt leise Musik bei einem Festmahl.
12. Jemand muss ständig Holz hacken.
13. Eine Frau sortiert kleine Täfelchen.
14. Ein Telegramm mit den Worten »aber doch«.
15. Jemand macht mit einem Nagel Löcher in eine Dose.
16. Ein Wald und eine Absperrung.

Besonderheiten und allgemeine Tendenzen in dieser Woche

Welt: Eine Person der internationalen Politik ist gefährdet, achtet jedoch nicht auf die Gefahr. Unter den Staaten wird ein neuartiges Überwachungssystem diskutiert. Dies betrifft wirtschaftliche Kontrollen.

Deutschland: Der Regierung ist das Glück durch Machtausübung hold. Störungen und Unterbrechungen im Bereich der Energieversorgung sind allerdings möglich. Dadurch wird ein Kompetenzkonflikt ausgelöst. Man hört von Tod in Gefangenschaft oder im Gefängnis (Geiselnahme?).

Privat: In der Vorweihnachtszeit kann es im privaten Bereich zu Trennung, Entfremdung oder Ablehnung kommen. Eine Tendenz zum Alleinsein ist angezeigt. Das kann im weiteren Sinn auch Abschied bedeuten.

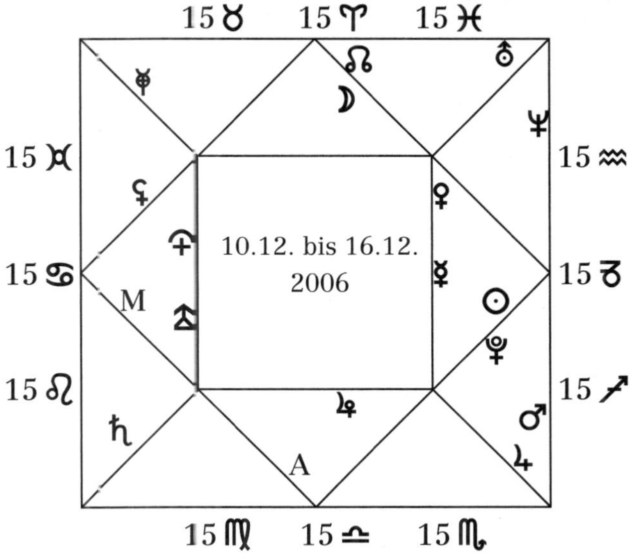

Was geschah im Dezember 2006 am:

10. ____________________

11. ____________________

12. ____________________

13. ____________________

14. ____________________

15. ____________________

16. ____________________

51. Woche vom 17.12. bis 23.12.2006

Astrothema (Tagesbotschaft und Geburtstagsmotto)

17. Ein Treibhaus – es riecht nach Teer.
18. Man sieht abgekippten Bauschutt.
19. Ein Werkzeugkasten mit abgebrochenen Plastikteilen.
20. Eine steinige Wiese – Pferde laufen verstört herum.
21. 8 cm lange Stäbe werden zugesägt.
22. Jemand öffnet ein Paket mit einem Bumerang darin.
23. Ein Weinfass wird mit dicken Tauen umwickelt.

Besonderheiten und allgemeine Tendenzen in dieser Woche

Welt: Es gibt Anzeichen für die tief greifende Änderung eines politischen Verbundes, der mit Nahrung, Ernährung bzw. Wasserversorgung zu tun hat. Im Mittelpunkt steht das Wasser. Der Öffentlichkeit bleibt das Ausmaß der Veränderung verborgen.

Deutschland: Tage der Erfolge für die Regierenden. Doch es besteht auch die Gefahr der Täuschung durch international agierende Vereine, Gruppen, Staatenverbände. Langfristig kommt es zu einem finanziellen Schaden durch Irrtum oder Unklarheiten. Man hört von Katastrophen in Verbindung mit Wasser.

Privat: In dieser Zeit könnte es finanzielle Probleme geben. Eine Absprache wird nicht eingehalten, daher sind Verluste möglich. Sowohl eine überraschende Trennung als auch neue Bekanntschaften sind bei einem besonderen Anlass möglich.

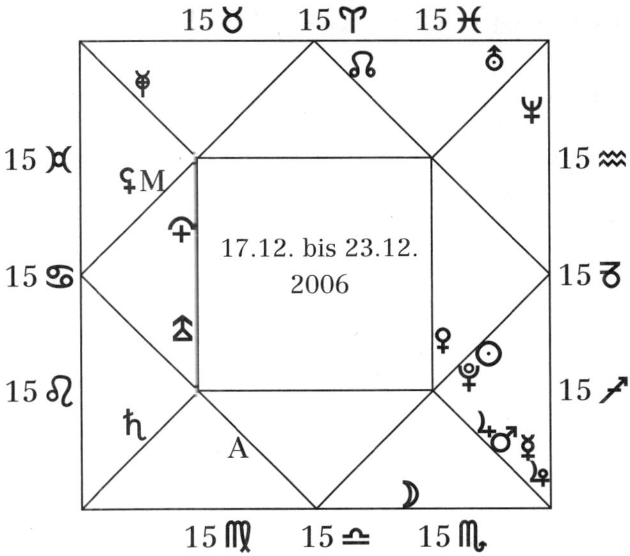

Was geschah im Dezember 2006 am:

17. ______

18. ______

19. ______

20. ______

21. ______

22. ______

23. ______

52. Woche vom 24.12. bis 31.12.2006

Astrothema (Tagesbotschaft und Geburtstagsmotto)

24. Schwankender Boden während eines Erdbebens.
25. Ein Pferderennen über Hindernisse.
26. Man sieht einen Obstgarten und eine kleine Kapelle.
27. Zwei alte Männer zerlegen einen Schrank.
28. Leichter Wind bewegt die Vorhänge.
29. Auf einer Bühne probt man Gesänge.
30. Staub, viel Staub auf Lackmöbeln.
31. Heuballen werden abgeladen.

Besonderheiten und allgemeine Tendenzen in dieser Woche

Welt: Man hört vom Sturz eines Regierenden oder der Entmachtung einer »grauen Eminenz«, die hinter diesem Regierenden steht. Dies hat mit dem Abschluss eines Gerichtsfalls zu tun. Die Hilferufe von der südlichen Halbkugel werden dringlicher.

Deutschland: Dem Staat wird durch Beamte oder entlassene Beamte Schaden zugefügt. Es ist eine Zeit der unüberlegten Äußerungen. Die Regierung wird ihre Ziele nicht durch Intrigen erreichen können. Es kommt zu überraschenden Trennungen bei Besprechungen oder Tagungen. Ein heftiger Streit um einen Plan entbrennt innerhalb des Regierungslagers.

Privat: Tage des Glücks für Mann und Frau stehen bevor. Es kommt zu einer Konsolidierung der Verhältnisse bei denjenigen, die tatkräftig an ihrem Leben arbeiten. Bei schüchternen Menschen besteht eher die Gefahr der Schwächung durch Täuschung der Gefühle. Finanziell kann es zu Schäden durch Irrtümer oder unklare Absprachen kommen.

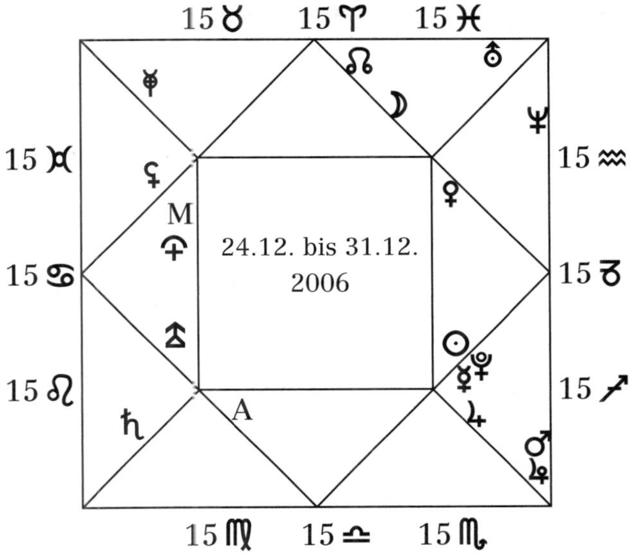

Was geschah im Dezember 2006 am:

24. ______________________________

25. ______________________________

26. ______________________________

27. ______________________________

28. ______________________________

29. ______________________________

30. ______________________________

31. ______________________________

Abbildung 18: Buchstabe A

7

Die astrologische Prognose für das Jahr 2006

In der Astrologie gibt es unterschiedliche »Schulen«. Aus bestimmten Formulierungen von Nostradamus lässt sich rekonstruieren, welche Methode er bevorzugte. Wenn er etwa schreibt, dass sich der Lauf der Wandelsterne zu diesem oder jenem Zeitpunkt »vollendet«, meint er damit, dass der jeweilige Himmelskörper dann an seinen Ausgangspunkt zurückgekehrt ist – dorthin, wo er zu Beginn der Anbahnung eines Ereignisses stand.

Ein Beispiel: Bei der Geburt eines Menschen werden die Ausgangspunkte für den Umlauf der Planeten in einem Horoskop festgelegt. Nach 365,25 Tagen erreicht die Sonne genau den Ort, an dem sie zum Zeitpunkt der Geburt stand. Diese Wiederkehr an ihren Startpunkt wird in einem Horoskop berechnet und für die Deutung des kommenden Lebensjahrs herangezogen.

Nostradamus hat jedoch keine Prophezeiungen für Individuen verfasst, sondern die kommenden politischen Ereignisse beschrieben. Hierfür wendet der Astrologe die Methode der »Ingresse« an: Für die Himmelskörper wird exakt berechnet, zu welchen Zeitpunkten sie während des kommenden Jahres oder später jeweils bei null Grad eines Tierkreiszeichens stehen. Üblich sind heute unter anderem Berechnungen zum exakten Frühlings-, Sommer-, Herbst- und Winterbeginn. Astrologische Ingresse sind noch in vielen anderen Kontexten von Bedeutung. Für die Lektüre dieses Jahrbuchs mag diese einfache Erklärung aber genügen.

Das erste Quartal vom 1. Januar bis 31. März 2006

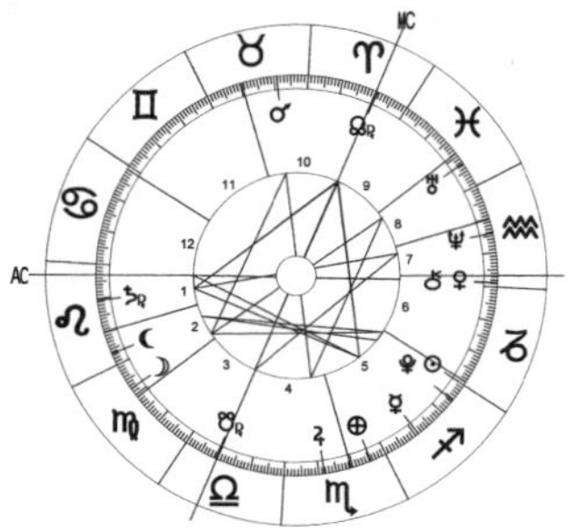

Ingress I (S.204)

Die Finanzen: Probleme an der Börse. Schaden durch Gewalt. Unerwartete Kursstürze oder unerklärliche Reaktionen an den Börsen und auf den Weltmärkten verwirren die Experten.

Die Wirtschaft: Allgemeine Degenerationserscheinungen. Versuche, die Wirtschaft anzukurbeln, werden in diesen Monaten ohne Erfolg bleiben. Weiterer Rückgang der Arbeitsmöglichkeiten. Viele Betriebe geben auf. Der Kampf um den Arbeitsplatz wird zunehmend auf der persönlichen Ebene ausgetragen.

Die Politik: Das Leben ist kalt. Regierungen machen Versprechungen, die sie nicht einhalten können. In der Weltpolitik kommt es zu einer weiteren Abschottung und zur Unzufriedenheit unter den Völkern. Ein Feuer ohne Wärme. Ungewöhnliche Machtkämpfe finden statt. Gründe für Hahnenkämpfe werden künstlich erzeugt. Traditionen in der Politik werden über Bord geworfen. In zwischenmenschlichen Beziehungen wird Anpassung verlangt. Die Demokratie wird geschwächt.

Familie und Partnerschaft: Trennungen häufen sich. Freundschaften oder berufliche Interessengemeinschaften zerbrechen. Mobbing innerhalb der Familie.

Ingress II (S.204)

Das zweite Quartal vom 1. April bis 30. Juni 2006

Die Finanzen: Weltweit kommt es zu Währungsmanipulationen. Neigung zu unmäßig großen Ausgaben.

Die Wirtschaft: Ideologischer Misserfolg und Gefahr von Bankrott. Bestechungsaffären werden aufgedeckt. Nachteilige Entwicklung im Warenverkehr (Maut). Der Verlust von Aufträgen gefährdet Arbeitsplätze.

Die Politik: Staatliche Maßnahmen werden missverstanden und stoßen auf Ablehnung. Schwächung der Staatsmacht und Staatsautorität durch zersetzende Kräfte. Widerstände und Härte im Kampf zwischen politischen Gegnern. Demonstrationen eskalieren. Schwache werden unterdrückt. Verlust der moralischen Glaubwürdigkeit und des außenpolitischen Kredits. Schwierigkeiten mit Bündnispartnern. Ein Justizskandal wirkt sich ungünstig auf den Kanzler und leitende Minister aus. Der Staat wird isoliert. Vereinbarungen werden gebrochen, und Aktivitäten zeitigen keine Erfolge.

Familie und Partnerschaft: Es ergehen Aufforderungen zur Arbeit (Hartz IV) oder zum Kampf für oder gegen bestimmte Erscheinungen in der Arbeit. Man möchte aktiv eingreifen, um die Zustände zu verbessern. Ungünstiger Verlauf von gesellschaftlichen Ereignissen (Sport, Jugend etc.) ist angezeigt. Die Kinder sind zunehmend demotiviert, weil Versprechungen oder Hoffnungen nicht erfüllt werden.

Ingress III (S.205)

Das dritte Quartal vom 1. Juli bis 30. September 2006*

Die Finanzen: Eine gleichmäßige, aber langsame Entwicklung zeichnet sich in den Wirtschaftszweigen ab, die mit Geld oder Investitionen zu tun haben.

Die Wirtschaft: Die Zeiten sind schlecht für die Bauindustrie. Es kommt zu Streiks, deren Schlichtungsversuche ungünstig verlaufen. Technische Neuerungen führen zu überraschenden Veränderungen am Arbeitsplatz. Blüte des Unternehmertums durch das freie Spiel der Kräfte in der Wirtschaft. Bei der Aufteilung der Erträge wird betrogen.

Die Politik: Erfolge für die ältere Generation, die sich im Rahmen demokratischer Aktionen durchsetzen kann. Eine neue Ideologie findet weltweit Anhänger. Es wird propagiert, dass eine asketische Lebensweise zeitgemäß und en vogue ist.

Familie und Partnerschaft: Die Zeiten sind ungünstig für Sport und sportliche Veranstaltungen. Reformen im Gesundheitsbereich gehen zu Lasten der Patienten. Sprunghafte Veränderung der Versorgungslage im Alter. Ein plötzlicher Wechsel des Arbeitsplatzes ist möglich. Man träumt von einer heilen Nachbarschaft und will Sicherheit. Daher sympathisiert man mit allem, was stark und zukunftsträchtig erscheint.

---

* Durch die langsam laufenden Planeten ist die Prognose in diesem Jahr für das zweite und dritte Quartal annähernd gleich.

Ingress IV (S.205)

Das vierte Quartal vom 1. Oktober bis 31. Dezember 2006

Die Finanzen: Währungsangelegenheiten lassen sich nicht regeln. Zwei Währungssysteme geraten in »Streit« oder in Konkurrenz zueinander. Dadurch entstehen Unsicherheiten an den Börsen. Eine Zeit der geringen Erträge.

Die Wirtschaft: Es kann zu unerwarteten Katastrophen wie Explosionen oder Unwettern kommen. Konjunkturschwankungen. Die Zeiten sind ungünstig für Beamte und schlecht für Gemeinschaftsaufgaben.

Die Politik: Ein diplomatischer Misserfolg zeichnet sich ab. Skandale werden durch die Presse ausgelöst. Reformvorhaben verzögern sich weiterhin; Vereinbarungen werden nicht eingehalten. Witterungskatastrophen (Nebel, Hochwasser) und Gefahren im Bereich der Technik (Gas) drohen. Es ist eine Zeit der Prüfungen und Krisen. Die Arbeitslosigkeit ist ein großes Problem. Rückschritte sind möglich, die sich negativ auf die Landwirtschaft, das Grubenwesen und die Bevölkerung allgemein auswirken. Reformvorhaben verzögern sich. Diese Prognose gilt für den ersten und zweiten Ingress.

Familie und Partnerschaft: Schäden am eigenen Haus sind möglich. Es ist eine Zeit des rücksichtslosen Umgangs miteinander. Mauerbau, undurchlässige Grenzen, kein freundlicher Ton in der Berufssphäre.

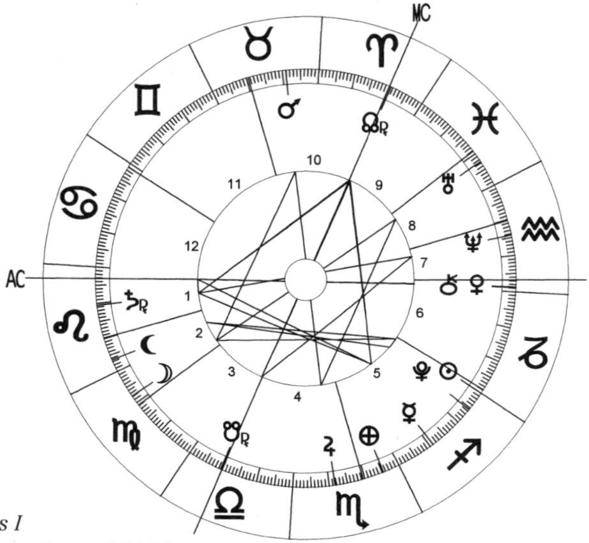

Ingress I
Das erste Quartal 2006

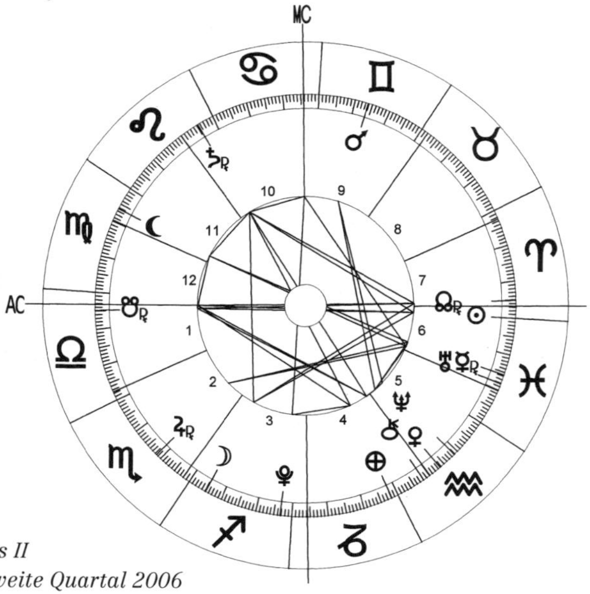

Ingress II
Das zweite Quartal 2006

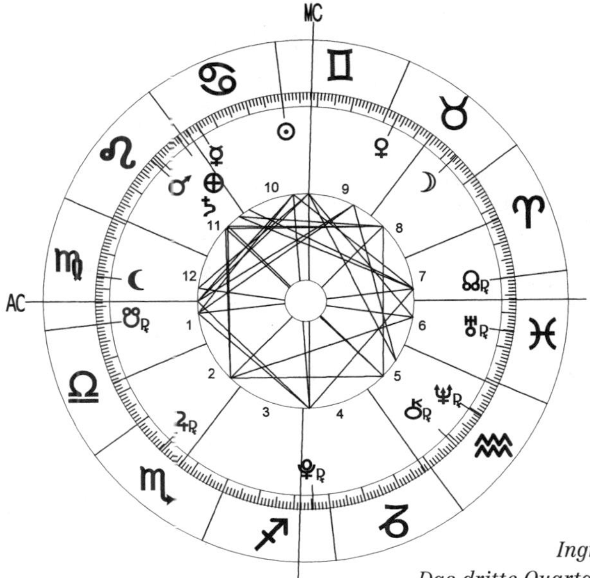

Ingress III
Das dritte Quartal 2006

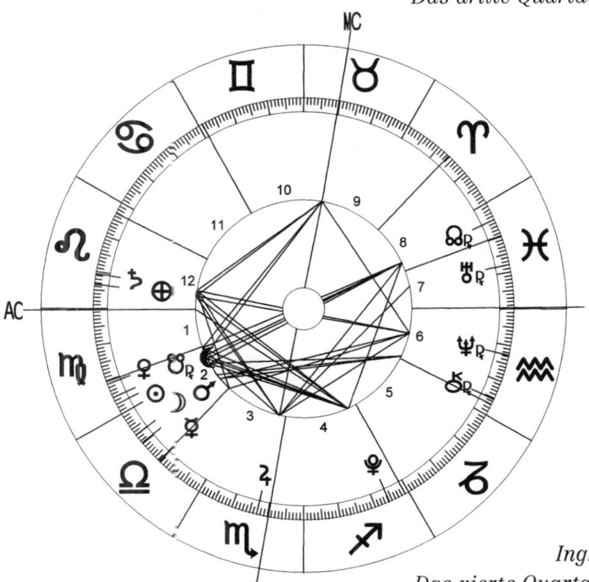

Ingress IV
Das vierte Quartal 2006

Abbildung 19: Nostradamus-Porträt, von seinem Sohn César gemalt

8

Das Leben des Nostradamus – eine Biographie für meine Erstleser

Michel de Notredame wurde im Jahr des Herrn 1503 am 14. Dezember beim Geläut der Mittagsglocken der nahe gelegenen Kirche St. Martin in dem südfranzösischen Ort St-Rémy-de-Provence geboren. Michel war der Erstgeborene von siebzehn Kindern der sehr ehrenwerten und hoch angesehenen Familie de Notredame. Sein Großvater mütterlicherseits war der Leibarzt des damals in St-Rémy residierenden »Königs von Jerusalem«.

Seine Familie war sehr reich. Bis zu seinem sechzehnten Geburtstag bekam Michel Privatunterricht im Hause, dann wurde er nach Avignon geschickt, um die Ausbildung zu erhalten, die für ein anschließendes Studium erforderlich war. Man berichtet, dass der junge Michel eine phänomenale Merkfähigkeit besaß. Er brauchte einen Text nur ein einziges Mal zu überfliegen und konnte ihn sodann auswendig und fehlerfrei wiederholen. Eine weitere Auffälligkeit wurde schon sehr früh sichtbar: Er konnte höchstens vier Stunden pro Nacht schlafen.

Auch seine andere Begabung zeigte sich schnell: Bereits mit sechzehn Jahren wurde er von seinen Mitschülern als »der junge Astrologe« bezeichnet. Diesen Titel verdankte er seinem Drang, den anderen die Geheimnisse und das Wesen von Kometen, Sternen und Sternbildern zu erklären, was für einen jungen Mann zur damaligen Zeit nicht gerade typisch gewesen sein dürfte. Astronomie und Astrologie gehörten damals zusammen und erforderten mathematisches Grundwissen.

Studien im Zeichen der Pest

Michel de Notredame studierte schließlich in Avignon und Montpellier Medizin, sicherlich, um in die Fußstapfen seines Großvaters zu treten. Während seines Medizinstudiums erlebte er, wie fast achtzig Prozent der Bevölkerung in der Provence (laut Einwohnerliste der Stadt Salon en Provence) von mehreren »Pestepidemien« dahingerafft wurden. Heute weiß man, dass es sich wohl eher um bis dahin in Europa unbekannte Infektionskrankheiten handelte, die von heimkehrenden Seeleuten eingeschleppt worden waren.

Auch im Jahr 1520 wütete in Avignon die »Pest«. Mangels Studenten mussten die Fakultäten ihre Vorlesungen einstellen. Die Studenten und Dozenten waren in panischer Angst in alle Himmelsrichtungen vor der Seuche geflohen. Zehn Monate später sammelten sich die Überlebenden und organisierten wieder einen Vorlesungsbetrieb.

Im Winter der Jahre 1524 und 1525 grassierte in der Stadt abermals eine Seuche. Diesmal war auch Nostradamus betroffen, der dort mittlerweile Medizin studierte, denn die Universitäten wurden geschlossen. Doch er floh nicht wie seine Kommilitonen, sondern schloss sich den Pestärzten als Heilgehilfe an. Das bedeutete für ihn, Seuchenopfer aus den Häusern zu bergen, um sie zu beerdigen, Anweisungen des Stadtarztes umzusetzen und die Erkrankten notdürftig zu versorgen.

Angesichts dieser Plagen, die über das Land kamen, dachten sehr viele Menschen, dass die Endzeit angebrochen sei.

Erst 1529 konnte Nostradamus nach Montpellier zurückkehren, um sein Medizinstudium abzuschließen.

Wanderjahre eines künftigen Propheten

Es folgte für Nostradamus eine Zeit der Wanderschaft, die ihn auch nach Nordfrankreich und bis nach Köln geführt haben soll. Der ausgebildete Arzt finanzierte seine Reisen, indem er

Abbildung 20: Das Q als Astrolabium

Kosmetika, Parfüm, potenzsteigernde Mittel und Verjüngungselixiere herstellte und auf den Märkten verkaufte. Für Ärzte war das damals ein üblicher Nebenverdienst.

1533 hielt er sich in Agen auf. Dort heiratete er – der Name seiner Ehefrau ist unbekannt –, und die Eheleute bekamen zwei Kinder. Seine junge Familie starb jedoch bei der ersten Diphtheriewelle, die das Land heimsuchte. Nach einem Streit mit den Schwiegereltern um die letzte Rate der Mitgift seiner Frau verließ er Agen wieder. Damals wurde die Mitgift in drei Raten gezahlt. Auf diese Weise verhinderte man, dass bei einem frühen Tod der jungen Frau (meist im Kindbett nach Geburt des ersten Kindes) die ausgezahlte Mitgift an den Schwiegersohn verloren ging.

Die geheimnisvolle Initiation

In der Trauer über den Verlust seiner Familie und in den folgenden Jahren, die er an unbekannten Orten verbrachte, ist der Schlüssel zum Geheimnis des Nostradamus zu suchen. Er scheint für eine gewisse Zeit jeglichen Halt verloren zu haben; jedenfalls verschwand er zunächst einmal gänzlich von der Bildfläche.

Einige Bemerkungen aus seiner eigenen Feder weisen darauf hin, dass er damals zu einer Reise rund um das Mittelmeer aufgebrochen ist. So erwähnt er Fes im heutigen Marokko, Ägypten und Byzanz, die Hauptstadt des türkischen Reiches. Wo auch immer er damals gewesen ist, in dieser Zeit hat er offensichtlich die Fähigkeiten entwickelt, die ihn zum Seher machten und ihn später das »Buch der Prophezeiungen« schreiben ließen.

»Les Prophéties«

In die Weltliteratur ging der Arzt und Astrologe durch sein Werk »Les Prophéties« ein. Aus heutiger Sicht kann man sagen, dass er zu den Bestsellerautoren des zweiten Jahrtausends gehört. Obwohl seine Texte zum Teil unverständlich abgefasst sind, haben sich seine Prophezeiungen in den letzten vierhundertneunundvierzig Jahren rund um die Erde ausgebreitet. Unverschlüsselt teilte Nostradamus mit, dass er für die Zeit von 1555 bis 3797, chronologisch Jahr für Jahr, die wichtigsten Ereignisse niedergeschrieben habe.

Zu den ersten Käufern seiner Bücher, die ab 1555 erschienen, gehörten die französischen Landadligen der Provence. Sie mussten in einer Zeit größter Ungewissheit Entscheidungen treffen: Wann sollte man säen, wann ernten, wann Rücklagen bilden?

Nicht zuletzt das damalige französische Steuersystem stellte für den Adel eine Quelle stetiger Unsicherheit dar. Vor zwei Ereignissen hatten die Edelleute beständig Angst: davor, dass der König samt Hofstaat zu Besuch kam, und davor, dass der Monarch starb. Denn der Adel war verpflichtet, den König und seinen Tross kostenlos zu bewirten, und das konnte teuer

Abbildung 21: Das Gleichgewicht des Schicksals

werden, wenn der halbe Hof einige Wochen zu Gast blieb. Schlimmer war es, wenn der König starb, denn dann wurde von allen Adligen des Landes eine Steuer von zehn Prozent auf sämtlichen beweglichen und unbeweglichen Besitz erhoben. Hinzu kam, dass der Nachfolger auf dem Thron die Adelsprivilegien erst bestätigte, wenn die Abgabe bezahlt war.

»Lang lebe der König« war also nicht nur eine Huldigung an den Monarchen, sondern drückte auch den Wunsch des Edelmanns aus, möglichst lange keine weiteren Steuern an die französische Krone zahlen zu müssen. Wen wundert es da, dass die Adligen ab 1555 eifrig das Buch des Nostradamus kauften? Man hoffte den »Prophéties« unter anderem entnehmen zu können, wie lange der König wohl noch leben würde. Weniger aus Furcht vor der Inquisition denn aus Höflichkeit gegenüber den künftigen Königen seiner Zeit erging sich Nostradamus allerdings gerade in dieser Hinsicht in scheinbar dunklen Andeutungen.

Der Wendepunkt in seinem Leben

Auf den 1. März 1555 datiert Nostradamus die Vorrede an César, seinen Sohn aus zweiter Ehe, für die erste Teilauflage seines Werkes, das bei Mace Bonhomme in Lyon gedruckt wurde. Der französische Hof wurde durch diese Publikation auf den Arzt aus der Provence aufmerksam. Heinrich II. war zu dieser Zeit König von Frankreich und Katharina von Medici seine Frau.

Katharina scheint eine der ersten Ausgaben der »Prophezeiungen« des Nostradamus gelesen zu haben. Jedenfalls schrieb sie an den königlichen Statthalter in der Provence, Graf Claude de Tande, dass »der König diese Person zu sehen wünscht«. Am 14. Juli 1555 machte sich Nostradamus auf den Weg und reiste über Lyon nach Paris. Unmittelbar nach seiner Ankunft in der Hauptstadt schickte der König seinen Hofmarschall in die Herberge, um Nostradamus für seine Auftritte bei Hofe vorzubereiten. Der Seher wurde also bereits von der königlichen Familie erwartet, und man war bemüht, dem »Doktor aus der Provinz« peinliches Fehlverhalten und Verstöße gegen die höfische Etikette zu ersparen.

Die erste Audienz bei Hofe fiel für Nostradamus sehr positiv aus. Der König und die Königin waren tief beeindruckt und honorierten Nostradamus mit jeweils hundert Ecus d'or, einem damals traumhaften Honorar. Dieser Geldbetrag entsprach einer Rente, mit der er ein Leben lang bequem ausgekommen wäre. Als er nach Hause zurückfuhr, war er ein vermögender Mann geworden, denn auch die Höflinge hatten ihn großzügig honoriert. Elf Jahre später, als er im Alter von dreiundsechzig Jahren starb, hinterließ Nostradamus ein großes Vermögen.

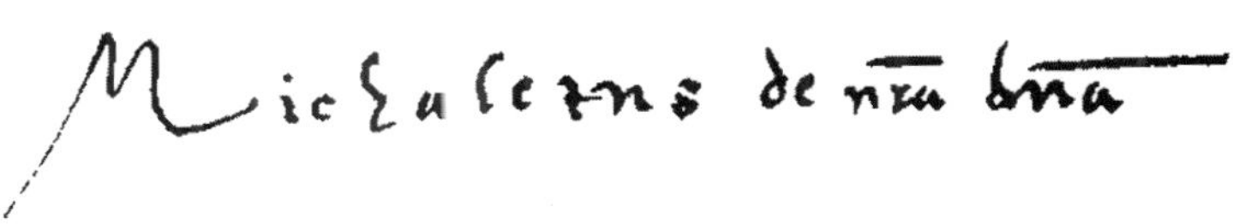

Abbildung 22: Die Unterschrift des Sehers

9

Nostradamus und die Nachwelt

Boshafte Spötter und überforderte Anhänger

Zuerst war es vor allem die Kirche, die Nostradamus' Werk angriff. So wurden beispielsweise Spottverse verbreitet, in denen man ihn als Dummkopf hinstellte, welcher der lateinischen Sprache nicht mächtig gewesen sei. Doch den Erfolg der »Prophezeiungen« konnten die Geistlichen nicht verhindern.

Später waren es dann Nostradamus' Anhänger selbst, die unfreiwillig seinen Ruf beschädigten. Sie versuchten sich Klarheit zu verschaffen, wie die rätselhaften Verse der Prophezeiungen geordnet und verständlich gemacht werden konnten – und scheiterten meistens. Diese Decodierungen waren alles andere als widerspruchsfrei und nachvollziehbar, und so blieben Nostradamus' genial verschlüsselte Visionen ein Geheimnis. Dennoch wuchs die Zahl seiner Anhänger. Vor allem in Südamerika, Italien und Spanien ist im Lauf der Jahrhunderte das Interesse an Nostradamus-Interpretationen stark und beständig gestiegen.

Der authentische Text

Schon lange vor seinem Tod hat Nostradamus den gesamten Text seiner Prophezeiungen auf Pergamentblätter niedergeschrieben und in seinem Testament demjenigen seiner Kinder vermacht, das sich dafür interessieren würde. So erhielt schließlich sein Sohn César die geschnürten Bündel, der sie später zur Veröffentlichung weitergab. Das Original jedoch ist verschollen.

Doch nicht nur César, auch seine Tochter Diane, die in Beaucaire einen Baron de Sève geheiratet hatte, scheint sich mit dem Nachlass des Vaters befasst zu haben. Ihr Sohn veröffentlichte 1605 die Texte. Seit einigen Jahren gibt es Bemühungen, diese Ausgabe systematisch zu analysieren.

Der Zeitcode

Die Nostradamus-Forschung hat in den letzten zwanzig bis dreißig Jahren große Erfolge zu verzeichnen. Inzwischen ist es gelungen, die Voraussagen den betreffenden Jahren zuzuordnen. Man weiß nun, dass Nostradamus seine Texte ganz einfach nach Jahrhunderten unterteilt hat. Eine solche Einheit nannte er »Centurie«. Jede Centurie umfasst hundert vierzeilige Strophen, die von 1 bis 100 nummeriert sind. Die römischen Ziffern I bis X bezeichnen die Centurie, also das Jahrhundert, arabische Zahlen nummerieren jeweils die Verse 1 bis 100, entsprechend den Jahren innerhalb eines Jahrhunderts: Nach diesem ebenso einfachen wie effizienten Schema lassen sich die Prophezeiungstexte zeitlich zuordnen. Das Jahr 2006 wäre somit in der X. Centurie im sechsten Vierzeiler beschrieben, denn die Visionen des Nostradamus für das gesamte 21. Jahrhundert befinden sich in der X. Centurie, Vers 1 bis 100.

Anhang

Anhang 1
Nostradamus-Worte zu den Päpsten des 20. und 21. Jahrhunderts

Schon 1981 hat sich mir die Frage gestellt, ob es nicht auch eine verschlüsselte Chronik der Päpste im Nostradamus-Text gibt. Tatsächlich kristallisierte sich in der weiteren Forschungsarbeit heraus, dass Nostradamus gleichzeitig mit den Prophezeiungen für die Welt auch eine Art Papstchronik für die katholische Kirche verfasst hat. Diese Texte sind aber auf den ersten Blick nicht zu erkennen. Verständlich, denn es waren nicht nur schmeichelhafte Anmerkungen zu den Nachfolgern Petri, die aus seiner Feder flossen.

Und so lesen sich seine seherischen Beschreibungen der Päpste:

IX, Vers 3 für 1903
»Ein Wohlgeruch wird geboren bei der Zwei.«

Joseph Sarto wird zum Papst gewählt und nimmt den Namen Pius X. an. Er wird später heilig gesprochen.

IX, Vers 14 für 1914
»Bei der Sieben farbloser Rauch.«

Giacomo de la Chiesa wurde am 3. 9. 1914, also am 3. *septembre* (*sept* französisch = sieben) 1914 als Benedikt XV. zum Papst gewählt, und diese Wahl wurde traditionsgemäß mit einem weißen, d. h. fast farblosen Rauch angezeigt. Gleichzeitig ist es die Beurteilung seines Pontifikats: farblos.

IX, Vers 22 für 1922
»Weißes und goldene Lüge.«

Am 6.2.1922 wird Achille Ratti als Pius XI. zum Papst gewählt. In seine Amtszeit fallen die Konkordate mit Mussolini und Hitler. Hitler hielt sich nicht an die Verträge, sodass Pius XI. insgesamt vierunddreißig Protestschreiben wegen dieser »Lüge« nach Berlin schickte.

IX, Vers 39 für 1939
»Das Gesicht ist hart und verdrossen und müde vom Kriegerischen.«

Nach dem Tode Pius' XI. wird sein Kardinalstaatssekretär und Unterhändler für die Konkordate mit Bayern (1924) und Preußen (1929), Eugenio Pacelli, am 2.3.1939 zum Papst gewählt.

Nostradamus kennzeichnet diesen Papst, der bis Oktober 1958 regiert, als den Papst der Kriege, denn in seine Amtszeit fallen der Zweite Weltkrieg, der Koreakrieg und der Indochinakrieg Frankreichs. Pius XII. regierte hart. Da er von 1944 bis zu seinem Tode keinen Staatssekretär hatte, war er eine Art Alleinherrscher im Vatikan.

IX, Vers 59 für 1959
»Um sich festzulegen, man wird nehmen den stellvertretenden Bischof.«

Verblüffend, wie Nostradamus die Wahl dieses Papstes, der als Angelo Giuseppe Roncalli geboren wurde und als Johannes XXIII. in die Papstgeschichte eingegangen ist, rund vierhundert Jahre vorher charakterisierte. Der Satz im Vers 59 ist so eindeutig, dass ich mich 1981 fragte, warum er diese Prophezeiung erst im Jahresvers für 1959 hinterlegte, obwohl der neue Papst schon im Oktober 1958 gewählt wurde.

Eine mögliche Erklärung: Nostradamus rechnete das Jahr nach jüdischem Ritus, das heißt, er ließ es jeweils am jüdischen Neujahrstag im September beginnen. Der Oktober läge dann bereits im neuen Jahr, d. h. im Vers für das christliche Jahr 1959.

Doch das eigentlich Erstaunliche liegt in der Vorhersage selbst. Was bei einer Papstwahl im Konklave vor sich geht, welche Interessen sich durchsetzen, dringt nicht an die Öffentlichkeit. Bei der Wahl Johannes' XXIII. könnte es aber so gewesen sein, dass man sich auf den späteren Paul VI. (noch) nicht einigen konnte und daher den schon recht alten Patriarchen von Venedig, eben Roncalli, wählte.

Eine ähnliche Situation ergab sich im April 2005, als man sich im Konklave mit Benedikt XVI. für einen Übergangspapst entschied.

Interessanterweise erwähnt Nostradamus die Wahl von Paul VI. im Jahre 1963 nicht. Das könnte folgenden Grund haben: In einer Art Regierungserklärung vor seiner Krönung bestätigte Paul VI., dass er das von Johannes XXIII. einberufene II. Vatikanische Konzil fortsetzen würde. Er führte somit die Arbeit des greisen Johannes XXIII. fort.

Über das Konzil selbst findet sich jedoch eine Prophezeiung bei Nostradamus:

IX, Vers 67 für 1967

»Im Schloss, wo neuer lateinischer Peter einen Irrtum begeht, sind wahre römische Christen im Glauben versammelt.«

Der hier angesprochene neue »Peter«, also der Nachfolger Petri auf dem Heiligen Stuhl, ist eindeutig Paul VI. Die Versammlung der wahren römischen Christen ist wohl die Fortsetzung des Konzils.

Was meint Nostradamus aber mit dem Fehler? Wir wissen heute, dass das Konzil innerhalb der katholischen Kirche einen tief greifenden Gärungs- und Wandlungsprozess ausgelöst hat. Innerkirchliche Konsequenzen dieser Auseinandersetzungen waren der Schwund der päpstlichen Autorität und zunehmende Zweifel an der Hierarchie und der Gültigkeit kirchlicher Gebote, wie etwa der Streit um die Enzyklika »Humanae Vitae« vom 29. Juli 1968. »Empfängnisverhütung oder Hunger in der Welt«, so könnte man die Alternativen nennen, vor denen das Konzil stand. Im Vers 70 für 1970 beschäftigt sich Nostradamus nicht unmittelbar mit dem Papst, aber erneut mit dem Vatikan:

IX, Vers 70 für 1970

»Über die Bezirke der lateinischen Besitztümer ertönt die Lüge.«

Genau in diese Zeit fällt ein Finanzskandal, in den der Vatikan verstrickt ist und der bis in die achtziger Jahre mit mysteriösen Todesfällen in Verbindung gebracht wird (siehe auch die Bücher von Nino Lo Bello, »Das Vatikan Empire«, und Yallops »Im Namen Gottes«). Im Jahre 1978 stirbt Paul VI.

IX, Vers 78 für 1978

»Gefangener Prinz stirbt einen schlechten Tod.«

Was ist passiert? Nach dem Tode von Paul VI. wird am 26. 8. 1978 Albino Luciano zum Papst gewählt. Er nennt sich Johannes Paul I. Nach nur dreiunddreißig Tagen stirbt er völlig überraschend. Solche kurzen Amtszeiten kannte man eigentlich nur aus dem »giftigen Mittelalter«.

Zieht man diese Prophezeiung von Nostradamus heran, dann scheinen all diejenigen Recht zu haben, die davon ausgehen, dass dieser sympathische Mann keines natürlichen Todes gestorben ist. Johannes Paul I. soll bei seiner Wahl gesagt haben: »Ihr wisst nicht, was ihr mir antut.« Kennt der Vatikan das Geheimnis der Nostradamus-Prophezeiungen und die Chroniken der Päpste? Es ist anzunehmen. War Johannes Paul I. deshalb bewusst, was ihm bevorstand?

Karol Wojtyla wurde am 16.10.1978 als Papst Johannes Paul II. sein Nachfolger auf dem Stuhl Petri. Im Jahr 1978 gab es zwei Päpste. Untersuchen wir also den ganzen Vers für 1978 nochmals sehr sorgfältig:

IX, Vers 78 für 1978

*»Außerhalb verschoben zum Regieren. Die Ethik. Zwei Jahre.
Bis gefangener Prinz stirbt einen schlechten Tod.«*

Der erste Satz könnte sich auf den polnischen Kardinal Wojtyla beziehen. Er ist als Johannes Paul II. seit Jahrhunderten der erste Papst, der kein Italiener ist. Erst der letzte Satz in diesem Vers beschreibt Johannes Paul I. Der nächste Hinweis, der sich auf einen Papst beziehen könnte, findet sich im Spruch für 1995:

IX, Vers 95 für 1995

»Verlockende Hilfe vom auserwählten Mailänder.«

Wird der nächste Papst aus Mailand stammen?, fragte ich mich 1994 und erwartete das Ende des Pontifikats von Johannes Paul II. Es kam anders. Johannes Paul II. erkrankte in dieser Zeit sehr schwer, aber ihm wurden noch zehn Jahre in Rom gegeben. Er starb am 2. April 2005.

X, Vers 5 für 2005

Da wir zu Beginn des Pontifikats von Benedikt XVI. dessen Eigenschaften noch nicht kennen, folgt hier der Gesamttext des Vierzeilers für das Jahr 2005 in einer Standardübersetzung von Carlo Patrian aus: »Nostradamus«, Touraco AG, CH-1700 Fribourg, S. 427:

Albi und Castres werden ein neues Bündnis gründen.
Neu sind Arriens, Lissabon und Portugiesen,
Carcas, Toulouse machen ihre Anschläge zunichte.
Wenn der neue Anführer in Aurages ein Wunder vollbringen wird.

Im Jahr 2005 hat ein Konklave stattgefunden. Wir können daher den Text für das Jahr 2005 unter diesem Aspekt untersuchen. So ist zu vermuten, dass in »Arriens« das Wort »Arier« steckt, das auf Kardinal Ratzinger hindeutet. Deutlich wird in der letzten Zeile für 2005 von einem Anführer gesprochen, der im »aura ages«, frei übersetzt dem »goldenen Alter«, ein Wunder vollbringen wird.

Am 19. April 2005, dem zweiten Tag des Konklaves, wurde der deutsche Kardinal Joseph Ratzinger zum 265. Papst gewählt. Astrologisch gesehen zeigen sich folgende Auffälligkeiten: Im Horoskop von Kardinal Ratzinger stand zum Zeitpunkt seiner Wahl der laufende Planet Pluto auf seinem Geburts-MC, das heißt am höchsten Punkt seines »Geburtshimmels«. Interessant ist, was über diese Position der Planeten in Deutungsbüchern der Astrologie nachzulesen ist:

- Die eigene Wandlung und Entwicklung
- Sich selbst von innen heraus wandeln
- Als völlig veränderter Mensch erscheinen
- Erkenntnisse, Wandlung und Entwicklung des eigenen Ich
- Metamorphosen

Gleichzeitig findet sich die Konstellation Pluto im Quadrat zum Aszendenten. Hierzu findet sich in Deutungsbüchern der Astrologie Folgendes:

- Andere sind wandlungsfähig oder wankelmütig
- Andere ändern ihre Einstellung
- Veränderungen am Ort oder Ortswechsel, Umzug
- Vorübergehender Aufenthalt an einem Ort

Diese Deutungshinweise in astrologischen Büchern sind keineswegs für Joseph Ratzinger geschrieben worden. Sie haben Gültigkeit für jeden in einer solchen Gestirnsituation. Was für den einen Veränderungen im Beruf und der Familie sind, sind für einen gewählten Papst der Einzug in den Papstpalast und die Aufgabe seines bisherigen Lebensstils.

Im Folgenden habe ich für Sie, liebe Leserinnen und Leser, alles zusammengetragen, was sich zum Nachfolger von Papst Johannes Paul II. bei Nostradamus findet (siehe hierzu auch meine Bücher »Das Siegel des Nostradamus« und »Nostradamus – Handbuch des Weltschicksals«):

1. Gewählt durch Aktivitäten von Kardinälen, die mit Wald (im weitesten Sinne) zu tun haben.
2. Kurzes Pontifikat, wahrscheinlich aber eine kurze Zeit ungewöhnlicher Aktivitäten.
3. Danach mehr Passivität des Pontifex.
4. Man wird die katholische Kirche nicht mehr wiedererkennen.
5. Aufstand der schüchternen Soutanen (also der Priester oder der Frauen im Kirchendienst).
6. Hochverrat an der Menschheit wird während seines Pontifikats im Spiel sein, oder dieser Papst wird einen geplanten Hochverrat an der Menschheit verhindern.
7. Sein Beiname wird später »der Goldene« oder »der Weise« sein.
8. Ein Papst, dessen Pontifikat durch ein Wunder in die Geschichte eingeht.

Unter den katholischen Christen kursiert das Gerücht, dass ein irischer Mönch namens Malachias in seiner Papstchronik nach dem 2005 neu gewählten Nachfolger Petri nur noch einen Papst mit dem Beinamen »Petrus der Römer« vorhergesagt hat. Laut Nostradamus stimmt diese Hypothese nicht. Im dritten Jahrtausend ist es mit dem Papsttum ganz und gar nicht vorbei. Sicher ist aus den Texten des Nostradamus herauszulesen, dass der Vatikan auf die Nordseite der Alpen verlegt werden wird, weil die klimatischen Bedingungen in Italien zu ungünstig sein werden. Der Süden unseres Kontinents wird heiß, trocken und für Europäer unbewohnbar werden.

»Petrus der Römer« wird laut Malachias der Nachfolger Benedikts XVI. Nach einem schrecklichen Krieg geht das Leben weiter, und Nostradamus schildert für das Jahr 2018 eine weitere Papstwahl, die ganz unter dem Eindruck der dramatischen Ereignisse zu stehen scheint.

X, Vers 18 für 2018:
»Der Sohn der Woge des Blutes wird in Rom erwählt. Und die zwei Großen werden den Missstand herbeigeführt haben.«

So viel lässt sich jetzt schon sagen: Im Jahre 2018 herrschen besondere Umstände. Ob es sich bei den »zwei Großen« um Staatsmänner, Kardinäle oder sonstige katholische Würdenträger handeln wird, wissen wir heute noch nicht. Laut Nostradamus nehmen sie Einfluss auf die Wahl des neuen Papstes.

Anhang 2
Aus der Werkstatt des Nostradamus

Der heilige Hieronymus, der als Sophronius Eusebius Hieronymus etwa 347 geboren und 420 gestorben ist, erhielt vom Papst Damasus I. den Auftrag, die in griechischer Sprache abgefasste Septuaginta der frühen Kirchenväter in die Weltsprache des Römischen Reichs – Latein – zu übersetzen. Gleichzeitig sollte er Texte aus der Thora zusammenstellen und aus dem Hebräischen ebenfalls ins Lateinische übersetzen. So entstand die erste offizielle Bibel in lateinischer Sprache, die Vulgata (kirchenlateinisch: volkstümliche Ausgabe), die heute immer noch gebräuchlich ist.

Das Konzil von Trient erklärte das Werk im Jahre 1546, also zu Lebzeiten von Nostradamus, offiziell für authentisch. Inzwischen ist die Vulgata in fast alle Sprachen und alle Dialekte der Erde übersetzt worden.

Nostradamus war mit den Geheimnissen des Alten Testaments vertraut, weil er bikulturell erzogen wurde. Sein Großvater mütterlicherseits, der Leibarzt des so genannten Königs von Jerusalem war, brachte ihm die jüdischen Traditionen seiner Vorväter nahe. Nach dessen Tode vertiefte Nostradamus in Avignon seine Kenntnisse um die christliche Überlieferung. Zeitlebens galt er jedoch als praktizierender Katholik.

Worin zeigte sich nun, dass Michel de Notredame auch in Bezug auf das Alte Testament ein Eingeweihter war? Der Christ liest und schreibt von links nach rechts. Der eingeweihte Christ (meist Alchimist des Geistes) berücksichtigte in der Renaissance noch, dass man auch in der Schrift dem Atem folgen soll. Geschriebene Sätze und gesprochene Worte spiegelten somit das Prinzip von Aktion und Reaktion oder

Ausatmen und Einatmen wider. Wer meine Ausführungen zu den Texten des Nostradamus aus meinen Büchern kennt, der weiß von dieser Technik.

Nehmen wir nun an, dass der Seher zehn Kapitel seines Buchs der Prophezeiungen an die geheime Mathematik der Thora angeglichen hätte. Wir können die Untersuchung damit beginnen, dass wir die Ziffern der zehn Kapitel nach dem Prinzip von Aktion gleich Reaktion schreiben:

```
Centurie 1, 2, 3, 4, 5
         10, 9, 8, 7, 6
```

Auf den ersten Blick erschließt sich die dahinter verborgene Besonderheit nicht. Dem Kundigen jedoch wird sie sichtbar, vorausgesetzt, er anerkennt die Tatsache, dass jedes Kapitel, von Nostradamus sinnigerweise Centurie, also Hundertschaft genannt, für ein Jahrhundert steht. Hundert Vierzeiler – die ich aus besonderem Grund immer als Verse bezeichnet habe – entsprechen exakt einem Jahrhundert. Zehn Centurien entsprechen demnach einem Jahrtausend. In der Praxis steht die 1 aus unserer Aufstellung oben für das erste Jahrhundert in einem Jahrtausend, somit für 2100 plus den jeweiligen Vers, der für das Jahr innerhalb dieses Jahrhunderts steht. Vierzeiler Nummer 1 bezöge sich somit auf das Jahr 2101.

Wir befinden uns zurzeit im zehnten Jahrhundert dieser Zählart, weil Nostradamus nicht von 0 bis 9, sondern von 1 bis 10 zählt. Er beschreibt dies in seiner Gebrauchsanweisung, die ich 1986 in meinem ersten Buch veröffentlicht habe. Durch diese Entdeckung wurde es möglich, die Texte des Nostradamus richtig zuzuordnen und zu kontrollieren, inwiefern sie zutreffen.

Nostradamus lässt sein Buch der Prophezeiungen mit Centurie 1 beginnen. In dem Schema weiter oben haben wir dasselbe getan. Folgen wir seiner Methode der Zeitzuordnung, dann befindet sich Nostradamus gemäß seiner eigenen Zeitzählung etwa bei 1550 (1555 erschien das Buch).

```
        1, 2, 3, 4, 5
Centurie                 < das wäre also 5,5 oder 55 oder 555.
       10, 9, 8, 7, 6
```

Nostradamus war ein Meister der Zahlenspielereien. So wurde das erste Buch seiner Erstausgabe am 4. Mai 1555 in Lyon fertig gestellt und am 5. Mai 1555 an den Kunden ausgeliefert. Ausgeschrieben entspricht dieses Datum der Zahlenfolge 5. 5. 555 im obigen Schema.

Heute befinden wir uns in der Position der Ziffer 10, genau in der X. Centurie, Vierzeiler 6.

Nehmen wir uns noch einmal kurz die »Prophezeiungen« vor und betrachten, wie Nostradamus die drei Partien aufgeteilt hat, die er dann selbst veröffentlichte bzw. deren dritten Teil er von seinen Testamentsverwaltern veröffentlichen ließ.

```
1. Teil des Buchs erschien   1555
        mit den Centurien 1,    2,        bis 3,42
2. Teil als erweitertes Buch 1558
        mit den Centurien 3,43  4, 5, 6, bis 7,42
3. Teil und Gesamtausgabe    1568
        mit den Centurien 8, 9, 10
```

Eine Anmerkung für die Experten: Mir sind die kleinen Abweichungen, die Vierzeiler betreffend, durchaus bekannt. Es geht hier nur um den Überblick. Festgehalten sei auch, dass die im Jahr 1566 (Todesjahr des Nostradamus) vom

Kloster von Salon en Provence herausgegebene Gesamtausgabe der »Prophéties« keine Fälschung ist, sondern authentischer sein dürfte als die späteren Ausgaben. Diese Gesamtausgabe musste Nostradamus für das Jüngste Gericht sofort zur Verfügung stehen. Autoren gab man deshalb damals die Gesamtheit dessen, was sie geschrieben hatten, mit ins Grab. Dies war auch bei Nostradamus der Fall, als er im Kloster der Franziskaner in Salon beigesetzt wurde. Aufgrund dieses Ritus hätten die Mönche gar keine Zeit gehabt, das Werk zu überarbeiten. Die in Lyon erschienene offizielle Ausgabe von 1568 dürfte bereits von den Templern Frankreichs bearbeitet gewesen sein. Sie wurde bewusst als »die erste Ausgabe« für das Volk herausgestellt.

Vergleichen Sie bitte diese Aufstellung:

```
Teil I anno 1555          Teil I und II anno 1558
  → 1, 2, 3,                       → 4, 5,
     10, 9, 8 ←                        7, 6,
Teil III anno 1566 ←―――――――――――――――――――――
```

Um nun hinter die Besonderheit zu kommen, müssen wir hier die Religion im Auge behalten, denn Nostradamus hat die Versicherung hinterlassen, dass er nicht gegen die Regeln der heiligen Kirche verstoßen habe. Er war wie gesagt bikulturell erzogen, also gilt dies sowohl für den christlichen als auch für den jüdischen Ritus. Nostradamus verweist in seinen Texten, die erst in Schablonen geschrieben sichtbar werden, auf die Thora, d. h. die fünf Bücher Mose.

Lassen Sie uns nun den kleinen Ausflug in den gedanklichen Kosmos des Nostradamus fortsetzen. Die Zehn Gebote Gottes, die Moses auf dem Berg Sinai erhalten hatte, schreiben wir jetzt auch nach der Regel »Aktion gleich Reaktion«, aber diesmal unter Berücksichtigung des jüdischen Ritus, das heißt von rechts nach links. Wir beginnen also am rechten Rand dieser Seite und schreiben die Zahlen in unserer Schreibweise hintereinander. Dann rücken wir um eine Zeile nach unten, wenn wir die Aktion beenden und die Reaktion einleiten, die am rechten Rand wieder zum Ausgangspunkt zurückkehrt.

5 4 3 2 1 ←
6 7 8 9 10

Reine Zahlen sagen nicht viel aus. Wir sollten aber auf die Inhalte achten, die hinter diesen Zahlen stehen, wenn wir die Zehn Gebote nach jüdischem Ritus schreiben und nach christlichem Ritus, also von links nach rechts, lesen.

5. nicht töten
4. Vater und Mutter ehren
3. Feiertag heiligen
2. Namen des Herrn nicht unnützlich führen
1. keine anderen Götter neben mir haben

10. nicht begehren Weib, Knecht, Magd
9. nicht begehren Hab und Gut
8. nicht lügen
7. nicht stehlen
6. nicht ehebrechen

Unschwer lässt sich nun eine Ordnung in den Themenschwerpunkten erkennen:

- An erster Stelle steht das »nicht töten«,
- an zweiter Stelle der »Ursprung des eigenen Lebens«,
- ab der dritten Stelle der »Umgang mit Gott«.

Man erkennt eine gewichtete Ordnung der Inhalte dieser zehn Gebote. Die fünf Gebote, die in die Zeile »Reaktion« fallen, betreffen Regeln für das tägliche Leben. Mir geht es hier um einen Hinweis für künftige Nostradamus-Interpreten, denn diese Betrachtungsweise wird noch an Bedeutung gewinnen. Wer Nostradamus-Texte so zu lesen versteht, findet in den Centurien 5 bis 1 alle großen Geheimnisse, die mit dem Universum, dem Göttlichen und den Religionen zu tun haben. In den Centurien 6 bis 10 finden sich alle großen Geheimnisse hinterlegt, die mit menschlichem Erfindergeist und Technik, aber auch mit menschlichem Fehlverhalten zu tun haben.

Die textlichen Kombinationen der Centurien

`5+6, 4+7, 3+8, 2+9, 1+10`

```
5 4 3 2  1
6 7 8 9 10
```

ergeben in der Summe jeweils 11. Wer hier die elfte Centurie vermutet, der liegt richtig.

Dank

Das Kalendarium dieses Buches wurde unter Verwendung des von Karlheinz Rieth † (Svarup, Astrologische Forschung) entwickelten Programms HORA berechnet und nach den Regeln der altägyptischen Astrologie des Zodiak-Kreises von Dendera (siehe auch »Der Astro-Code des Nostradamus«) von Horst Bergmann (Eichenstraße 10, 47509 Rheurdt) gedeutet. Das Astrothema der 365 Tage des Jahres 2006 wurde nach der Methode von Charubel (»Die Grade des Zodiak«) von Christine Dardé (Straßburg) ermittelt und zur Verfügung gestellt. Dafür meinen herzlichen Dank.

Serviceangebot: Laufende Aktualisierungen im Internet

Im Fall von bemerkenswerten Ereignissen finden Sie im Internet unter **www.nostradamus-dimde.de** aktuelle Ergänzungen zu diesem Jahrbuch.

Hinweis

Nostradamus berechnete seine Horoskope nach dem julianischen Kalender. Er kombinierte außerdem die Fixsterne mit den so genannten Wandelsternen.

Bildnachweis

S. 16: Foto © dpa-Fotoreport/Zhdanov
S. 18: Foto © dpa-Fotoreport/Gerardo Mora
S. 23: Foto © dpa-Fotoreport/Hussein
S. 25: Foto © dpa-Bildfunk/Shawn Thew
S. 27: Foto © dpa-Fotoreport/Ron Sachs
S. 30: Foto © AFP/Getty Images/John Russell
S. 38: Foto © epa-Bildfunk
S. 41: Foto © epa-Bildfunk/Brambatti
S. 46: Foto © dpa-Bildfunk/Ettore Ferrari
S. 52, 60, 70, 77, 80, 83, 85, 90, 198, 206, 209, 211, 213: aus dem Archiv des Autors

Manfred Dimde / Horst Bergmann

Der Astro-Code des Nostradamus

Das geheime astrologische Wissen des Sehers – Die Bedeutung der Weltachsen – Nostradamus und die kommenden Schicksalsjahre

254 Seiten

Erstmals schildern der Nostradamus-Experte Manfred Dimde und der Astrologe Horst Bergmann das astrologische Weltbild des Sehers. Gestützt auf historische Forschungen und auf Analysen von Leben und Werk des großen Propheten zeigen sie:

- wie der Astro-Code des Nostradamus entschlüsselt werden kann,
- wie sich jedes der zwölf Tierkreiszeichen in der Dekade von 2005 bis 2015 entwickelt,
- was das Horoskop nach Nostradamus in den nächsten zehn Jahren über den Umgang mit Chefs, Vorgesetzten und Behörden aussagt,
- was die nach der Methode des Michel de Notredame befragten astrologischen Konstellationen über die Zukunft von Deutschland, Österreich und der Schweiz verraten.

Das erste Buch zur Astrologie des Nostradamus – unentbehrlich für alle, die wissen wollen, was ihnen die Zukunft bringt.

Gerhard Wisnewski

Operation 9/11

Angriff auf den Globus

414 Seiten

Schritt für Schritt entlarvt Gerhard Wisnewski die Lügen und Fälschungen von Medien und Geheimdiensten über die Attentate vom 11. September 2001. Wo andere bisher nur Fragen gestellt und Zweifel geweckt haben, entwickelt er erstmals eine ganz andere Version des 11. September – ein Szenario, das noch wesentlich unheimlicher ist als die offizielle Geschichtsschreibung.

In seiner packenden kriminalistischen und politischen Spurensuche entwirft der Journalist und Politologe Wisnewski ein überzeugendes Gegenmodell der Operation 9/11, wie es noch nie zu lesen war.